作者简介

托马斯·阿奎那(Thomas Aquinas,约 1225—1274 年)是西方思想史上的一位枢纽性人物。他出生于意大利南部一座名叫罗卡塞卡的小城镇,是中世纪经院哲学的哲学家和神学家,又称"天使博士",《神学大全》是其代表作。自 20 岁成为多明我修会的托钵修士起,阿奎那一生都在行走和写作:他的行走以传播正统教义为己任;他的写作则旨在引导人们认识基督教真理。他的学说后来被命名为托马斯主义,是天主教哲学研究和神学研究的重要参考。

译者简介

王江涛,1986 年生,重庆人,中山大学哲学博士,波士顿学院访问学者,现任教于华东政法大学马克思主义学院,主要研究领域为古典政治哲学。已出版专著《美事艰难》,译著《苏格拉底与希琵阿斯》《希琵阿斯》《追求高贵的修辞术——柏拉图〈高尔吉亚〉讲疏(1957)》。发表学术论文及社会评论文章十余篇;曾主持教育部人文社会科学项目、上海市哲学社会科学规划课题。

自然法名著译丛

论正义

〔意〕托马斯·阿奎那 著
王江涛 译

商务印书馆
The Commercial Press

Thomas Aquinas
SUMMA THEOLOGIAE
Corpus Thomisticum text of Fundación Tomás de Aquino
本书根据《托马斯·阿奎那全集》译出

《自然法名著译丛》编委会

主　编　吴　彦

编委会成员(按姓氏笔画为序)

王　涛	王江涛	田　夫	归伶倡	朱学平
朱　振	李　涛	汤沛丰	邬　蕾	杨天江
陈广辉	林志猛	姚　远	赵英男	钱一栋
唐学亮	黄钰洲	黄　涛	雷　磊	雷　勇

《自然法名著译丛》总序

　　一部西方法学史就是一部自然法史。虽然随着 19 世纪历史主义、实证主义、浪漫主义等现代学说的兴起，自然法经历了持续的衰退过程。但在每一次发生社会动荡或历史巨变的时候，总会伴随着"自然法的复兴"运动。自然法所构想的不仅是人自身活动的基本原则，同时也是国家活动的基本原则，它既影响着西方人的日常道德行为和政治活动，也影响着他们对于整个世界秩序的构想。这些东西经历千多年之久的思考、辩驳和传承而积淀成为西方社会潜在的合法性意识。因此，在自然法名下我们将看到一个囊括整个人类实践活动领域的宏大图景。

　　经历法律虚无主义的中国人已从多个角度试图去理解法律。然而，法的道德根基，亦即一种对于法律的非技术性的、实践性的思考,却尚未引起人们充分的关注。本译丛的主要目的是为汉语学界提供最基本的自然法文献,并在此基础上还原一个更为完整的自然法形象,从而促使汉语学界"重新认识自然法"。希望通过理解这些构成西方法学之地基的东西并将其作为反思和辩驳的对象,进而为建构我们自身良好的生存秩序提供前提性的准备。谨为序。

吴彦
2012年夏

译者前言

托马斯·阿奎那（Thomas Aquinas，约1225—1274年）出生于意大利南部一座名叫罗卡塞卡（Roccasecca）的小城镇。这地方是罗马教会君主国与神圣罗马帝国政治冲突的前沿岗哨。20岁那年，阿奎那成为多明我修会（Dominican Order，又称道明会）的修士。多明我修会是一个托钵僧团，以托钵乞食、清贫誓约为信念，行走在广大中下层信众中间。从此，阿奎那开始了一生的行走与写作。

阿奎那不是以伦理学家的身份讨论正义。他对正义、道德、伦理的思考要放在《神学大全》（*Summa Theologiae*，以下简称 ST）的框架下理解："天主教真理的教师，不独应该教导学习有成者，而且也有责任启蒙初学者……所以，我们在这部著作中所设定的目标，是采用宜于初学者的教学方式，来讲授属于基督宗教的种种真理。"(*ST*, Ia, pr.)全书三卷分别探究上帝、人以及上帝与人的关系。探究人的第二卷篇幅最大，因为"大马士革说，人据说是按上帝的形象创造的，上帝的形象意味着一种理智的存在，他被赋予了自由意志和自我能动性。我们已经处理过形象的模型，即上帝，以及那些根据上帝的自由意志，从他的能力中产生的事物；现在要处理的是上帝的形象，即人，以及人活动的原则，包括人的自由意志和活动的能力"。(*ST*, IaIIae, pr.)第二卷又分成两个部分，其中第一部分(IaIIae)主要讨论人类行为的一般性原则，第二部分(IIaIIae)则讨论具体的德性，依次讨论了三种神圣德性（信、望、爱）和四枢德（明智、正义、勇敢、节制）。不难看出，整个第二卷的结构在有意模仿亚里士多德的《尼各马可伦理学》，同时又力图综合基督教神学。13世纪的经院学人就基督教神学与亚里士多德主义之间的关系进行了激烈的辩论，读者可自行在正文中寻找蛛丝马迹，笔者不画蛇添足。

《论正义》是《神学大全》的一个片段，即第二卷第二部分问题57至问题62(IIaIIae, q.57—62)。西方学者按惯例将阿奎那的全部著作划分成书名、卷、章（题）、节，然后加以编号,以便研究和引用。例如,"*ST*, IIaIIae, q.57, a.3, ad.3"表示《神学大全》第二卷第二部分问题五十七第三节第三条疏论。如此编排,自有文体上的原因。

大全(summa)是中世纪的一种特殊文体,阿奎那的《神学大全》既非第一本大全,也非唯一的大全。大全在《神学大全》以前就已发展成熟,阿奎那不过是驾驭这种文体最伟大的宗师。据说,大全诞生于12世纪,并且广泛存在于所有学科门类中,它的出现离不开中世纪大学的发展以及课程体系化对教材的需要。从目的来看,大全可以被视作帮助研究者深入学习某一学科的教材。从内容来看,篇幅较大的大全类似于文献资料的"汇编",篇幅较小的大全则近似于"纲要",《神学大全》则介于二者之间。从形式来看,《神学大全》全书由512个问题组成(算上附录有611个问题),每个问题(quaestio)有若干节(articulus),每一节又分四个固定的部分,写作模式近似八股文。

以"*ST*, IIaIIae, q.57, a.3"为例,阿奎那首先会提出一个问题:万民法是否与自然法相同?然后他会提出若干条驳论。① 第一条驳论往往由无人称主语引导的从句"似

---

① 意大利耶稣会士利类思(Louis Baglio)把每一节的四个部分(Objection, On the contrary, Response, Reply)分别译作"驳""正""经""疏",笔者沿用利类思的译名。

乎是这样"（Videtur quod）开头——万民法似乎与自然法相同；接着阿奎那会依次列举若干条意见，证明万民法与自然法相同。在列举完驳论后，阿奎那话锋一转，用"与之相反"（Sed contra）更正驳论，即万民法与自然法不同。正论通常引自某位权威，这一节他引用了伊西多尔（Isidore）。第三部分经论是正文（Corpus），以"我这样回答"（Respondeo dicendum quod）开头，往往会为正论提供论证，并推进正论。最后，以"所以针对第一条驳论，我要这样说"（Ad primum ergo dicendum quod）逐一反驳驳论。一般情况下，疏论的数量与驳论相等，除非像"q.57, a.3"，经论已经回答了第一条驳论，则可省略。

本书从如下拉丁文原文迻译：Corpus Thomisticum text of Fundación Tomás de Aquino。参考如下英译本：*Summa Theologica*, 22 volumes, New York: English Dominicans (2nd ed.), 1936; *Summa Theologica*, 5 volumes, Westminster: Christian Classics, 1946; *Summa Theologica*, T. Gilby ed., 60 volumes, Blackfriars edition, with facing page translation, New York, 1964。参考中译本：托马斯·阿奎那，《神学大全》，周克勤等译，台北：碧岳学社，2008年。本书所有注释均为笔者参考校勘本以及诸译本后所加，以帮助中文读者更好地理解《论正义》的历史与思想背景。

关于术语的翻译。译名的选择通常有两种处理方式：要么统一译名，要么根据上下文选择恰当的译名。对于学术翻译，统一译名是不成文的惯例。但拉丁语就像大多数古典语言一样，存在着一词多义的现象，而且往往越是基本的词汇，含义越丰富，这导致关键概念难以统一。令译者苦恼的是，这样的关键概念数量不少，只能根据上下文选择译名，同时附上原文，为有心的读者提供阿奎那写作的线索。现择要说明如下：

jus，在《牛津拉丁语词典》(*Oxford Latin Dictionary*)中列举了12项不同的含义。就本书而言，笔者分别用"法""权"以及"法权"翻译jus。一、在以下这些情况中，jus译作"法"，比如自然法(jus naturale)、实定法(jus positivum)(IIaIIae, q.57, a.2)和万民法(jus gentium)(IIaIIae, q.57, a.3)。二、另一些情况下，jus译作"权"，比如父权(jus paternum)和所有权(jus dominativum)(IIaIIae, q.57, a.4)。① 三、在上述两种情况中，jus通常与另一个词语构成一个复合概念，当jus作为一个专门的概念单独出现，表示正义的对象时(IIaIIae, q.57, a.1)，无

---

① jus dominativum更准确的译法是"主权"，即主人的权利，具有私法性质。但是，在现代汉语的语境中，"主权"显然指公法意义上的国家权利，这样再将jus dominativum译作"主权"就不合适了。

论译作"法律"或"权利",都过于片面,权且译作"法权"。需要注意的是,阿奎那有时单独使用 jus 或 jura 时并不总是表示正义的对象,比如 ratio juris 表示法理(IIaIIae, q.60, a.5, ad.2), jura 表示法典(IIaIIae, q.60, a.7),这是沿用罗马法学家的用法。

ratio 的基本含义为理性、道理,有时译作根据(IIaIIae, q.58, a.10)、本质(IIaIIae, q.60, a.6)或原因(IIaIIae, q.62, a.8)。

actus 或 actio 的基本含义是行为,与 potentia(潜能)并用时表示实现(IIaIIae, q.58, a.2),与 passio(被动)并用时表示主动。除了上述译法,potentia 可译作能力,passio 可译作感受。在罗马法学家笔下,actio 有时特指"官司、诉讼"。

virtus,基本含义为德性,有时译作能力(IIaIIae, q.62, a.4)。

causa,基本含义为原因、理由,有时译作官司(IIaIIae, q.70)。

关于引文。阿奎那引用的经典文献如已出版中文版,尽量引用已有的译文,包括亚里士多德的《尼各马可伦理学》(廖申白译,商务印书馆 2021 年版)、《政治学》(吴寿彭译,商务印书馆 2021 年版)、《形而上学》(吴寿彭译,商务印书馆1995年版)和《修辞学》(罗念生译,上海人民出版社2017年版),正文中不再逐一说明。《圣经》的引用主要参考和合本,和合本没有的篇目,则以思高本作为参考。然而,由于阿奎那引用的《圣经》版本与我们的版本多有不同,当二者有出入时,会依据阿奎那的引用修改引文,特此说明。

本书篇幅不长,但前后延宕,竟拖了两年之久。翻译过程中得到了吴彦、杨天江、徐震宇、郭逸豪、花威、齐飞智等学友的无私相助,谨致谢忱。感谢商务印书馆学术中心,他们的专业与高效大大推进了这项进展缓慢的工作。译稿虽已付梓,但译者能力不足,水平有限,错漏之处在所难免,恳请方家不吝指教,以便继续打磨,精益求精。

公元前430年,瘟疫突然降临雅典城,它不加区别地夺走人们的生命,使雅典人变得目无法纪:既然性命朝不保夕,何必要敬畏神明、追求德性的生活呢?横竖是死,还不如及时行乐。面对天灾带来的人性堕落,传习正义观不再具有吸引力,而柏拉图写作《理想国》就是试图重建正义的价值。1348年,意大利地区爆发黑死病。据估计,三分之一的欧洲人因此丧生。黑死病使不少信众失去了对教会的信仰,认为正义跟祈祷无关。薄伽丘的《十日谈》是黑死病的直接后果,该书谴责禁欲主义,肯定世俗生活,也为情欲正名。下个世纪的宗教改革亦伏源于此。历史证明，一旦疫病横肆人间，往往迫使人们追问正义问题。本书定稿之日，正值新型冠状病毒性肺炎肆虐武汉，无数医务工作者拼上自己的健康和生命安全在抗疫一线奋战。身为一介书生，唯有关心并专注于自己的工作，为读者追问正义提供一份可资参考的文献，才不负此书之名。

愿武汉平安，愿一切安好。

庚子年正月初一于上海张江
辛丑年腊月廿九修订

目　　录

问题 57　论法权 ··· 1
　　第 1 节　法权是不是正义的对象 ···································· 2
　　第 2 节　法权被划分为自然法和实定法是否恰当 ······· 8
　　第 3 节　万民法是否与自然法相同 ····························· 14
　　第 4 节　是否应当专门区分父权和所有权 ················· 18
问题 58　论正义 ··· 24
　　第 1 节　正义被这样界定是否恰当，即它是一种永恒
　　　　　　 而持久的意志，使人各得其所的法权 ·········· 25
　　第 2 节　正义是否总是针对他人 ································· 30
　　第 3 节　正义是否是一种德性 ····································· 35
　　第 4 节　正义是否以意志为主体 ································· 40
　　第 5 节　正义是否是一种普遍德性 ····························· 43
　　第 6 节　作为普遍德性的正义在本质上是否与所有
　　　　　　 德性相同 ·· 48
　　第 7 节　在普遍正义之外是否还有一种具体正义

....52

第8节 具体正义是否具有特殊的质料..................55

第9节 正义与感受有关吗..................58

第10节 正义的中道是否是事物的中道..................62

第11节 正义的行为是否在于还给人各自的东西
....66

第12节 正义在所有道德德性中是否占据首要地位
....69

问题59 论不义..74

第1节 不义是否是一种特殊的恶..................74

第2节 一个人是否因行不义而被称作不义之人
....77

第3节 是否有人能够自愿承受不义..................81

第4节 行不义之人是否都犯了死罪..................85

问题60 论审判..90

第1节 审判是否是正义的行为..................91

第2节 是否允许审判..................95

第3节 从怀疑来进行审判是否不被允许..................98

第4节 疑点是否应当往更好的方面解读..................102

第5节 是否总是应当依据成文法律审判..................105

第6节 审判是否因僭越而被当作错误的..................109

问题61　论正义的诸部分 ·············· 115
- 第1节　将正义分为交换正义和分配正义两个种类是否恰当 ················ 116
- 第2节　在分配正义和交换[正义]中,中道是否以相同的方式被理解 ············ 119
- 第3节　两种正义的质料是否不同 ·············· 123
- 第4节　正义是否与回报完全相同 ·············· 127

问题62　论返还 ························ 132
- 第1节　返还是否是一种交换正义的行为 ············ 133
- 第2节　为得救,是否必须返还所有拿走的东西 ······ 135
- 第3节　仅仅返还被不义拿走的东西是否足够 ······· 139
- 第4节　一个人是否应当返还他没拿走的东西 ······ 143
- 第5节　是否总是必须从谁那里拿取东西就返还谁 ············ 146
- 第6节　是否必须总是由拿取东西的那人返还 ······ 150
- 第7节　那些没有收取的人是否必须返还 ·········· 153
- 第8节　是否必须立刻返还,还是可以允许延期返还 ································ 156

因此,在明智(prudentiam)之后,^①需要考虑正义(justitia)。关于正义,要考虑四点:第一,论正义;第二,论它的诸部分［q.61—120］^②;第三,论与之相关的恩赐(dono, q.121);第四,论属于正义的诸训令(praeceptis)［q.122］。

问题 57　论法权

关于正义,应当考虑 4 个问题:

---

① 亚里士多德在《尼各马可伦理学》中主要通过考察明智的人来引出明智(φρόνησις)的定义:明智的人善于考虑对于他自身是善的和有益的事情,比如伯利克里;而明智是一种同善恶相关的、合乎逻各斯的、求真的实践品质。(参见:第六卷, 5, 1140a25)

阿奎那把明智界定为"把普遍原则运用于个别事物的德性,为理性所固有"(《神学大全》, IaIIae, q.47, a.3—4),并在讨论完神圣德性(virtutes theologicas)之后,首先讨论明智。换言之,他视明智为四枢德之首。

② 本书中中括号里的内容均为译者所加。

第一，论法权（jure）[q.57]；①

第二，论正义本身[q.58]；

第三，论不义[q.59]；

第四，论审判（judico）[q.60]。

关于第一个问题，考察4节：

1. 法权是不是正义的对象？

2. 法权被分为自然法和实定法是否恰当？

3. 万民法（jus gentium）是否与自然法相同？

4. 人们是否应当专门区分所有权和父权？

第1节　法权是不是正义的对象

第1节这样进行：

---

① 拉丁文 jus 源于希腊文 δίκη（公道、正义），拉丁文 justum 源于希腊文 δίκαιον（公正的、正义的）。jus 的含义有二：第一层含义指某种客观上正确或正当的东西；另一层含义表示与责任或义务相对应的某种东西。《神学大全》里提到 jus 时，同时包括了上述两种含义。本节主要在第一层含义上讨论 jus，后面关于自卫（IIaIIae, q.64, a.7）以及私有财产（IIaIIae, q.66, a.2）的讨论则是在第二层含义上讨论 jus。

与 jus 密切相关的另一个概念是 lex，源于希腊文 νόμος（法律、习俗）。拉丁文的词源很相似，jus 源于动词 jungo（连接），lex 源于动词 ligo（约束）。二者既有联系但又有区别，比如，《神学大全》把 jus naturale（自然法）和 lex naturalis（自然律）看作同义词，但 jus 指根据正当理性在客观现实中的一种依据，而 lex 则表示一种具有约束力的有效指示，对勘：IaIIae, q.90。

驳 1：法权似乎不是正义的对象。因为法学家杰尔苏（Celsus）[①]说："法权是善和公平的技艺（ars）。"然而，技艺不是正义之对象，就其自身而言是一种理智德性（virtus intellectualis）。[②]因此，法权不是正义的对象。

　　驳 2：再者，就像伊西多尔所说，"法律"（lex），"是法权的一个种类"。[③]然而，法律不是正义的对象，

　　[①]　杰尔苏，公元 2 世纪法学家。阿奎那对他的了解主要来自中世纪注释家对 6 世纪优士丁尼《民法大全》的评注。

　　阿奎那把技艺界定为"关于制作的作品的正确道理，是一种实践的习性，同时又与思辨的习性有相似之处"（IaIIae, q.57, a.3）。这种技艺观显然来自亚里士多德的《尼各马可伦理学》（第六卷，4, 1140a）："可变化的事物中包括被制作的事物和被实践的事物……如果没有与制作相关的合乎逻各斯的品质，就没有技艺；如果没有技艺，也就没有这种品质。所以，技艺和与真实的制作相关的合乎逻各斯的品质是一回事。所有的技艺都使某种事物生成。学习一种技艺就是学习使一种可以存在也可以不存在的事物生成的方法。技艺的有效原因在于制作者而不是被制作物。"

　　[②]　亚里士多德首先区分了道德德性（virtutes morales）与理智德性："如已说明的，灵魂分为有逻各斯的和没有逻各斯的两个部分。我们现在要在有逻各斯的部分再作一个类似的区分。我们假定这个部分中又有两个部分：一个部分思考其始因不变的那些事物，另一个部分思考可变的事物。因为，对于不同性质的事物，灵魂也有不同的部分来思考。这些不同能力同那些不同性质的事物之间也有某种相似性和亲缘关系。这两个部分中，一个可以称为知识的部分，另一个可以称为推理的部分。考虑与推理是一回事，我们从不考虑不变的事物。所以，推理的部分是灵魂的逻各斯部分中的一个单独的部分。我们必须弄清楚这些不同部分的何种状态是最好的，因为那种最好的状态就是它们各自的德性。"（《尼各马可伦理学》，第六卷，1, 1139a）在此基础上，阿奎那区分了理智德性、道德德性以及神圣德性。理智德性研究那些自身不可能有变化的必然事物，又被他称作思辨的习性。（《神学大全》，IaIIae, q.57, a.1）

　　[③]　伊西多尔，《词源》（*Etymologiarum Libri*），V.2. 伊西多尔（Isidore of Seville，又称 Isidorus Hispalensis，560—636 年，一说 570—636 年），曾任西班

而是明智的对象。所以哲学家[亚里士多德]把立法学（νομοθετική, legispositivam）当作明智的一部分。① 因此，法权不是正义之对象。

驳3：再者，正义主要使人们顺从。因为奥古斯丁说："正义是这样侍奉上帝的爱，由此它良好地统治属于人的其余事物。"② 但是，法权不涉及神圣的事物，而只涉及属人的事物，因为伊西多尔说："天意（fas）是神的法律（lex divina），③ 而法权是人的法律（lex

---

牙主教，他那20卷的《词源》是从以往的拉丁语名著中摘录而成的百科全书。尽管《词源》在知识上并无原创性的贡献，但它保存的知识被中世纪和近代作家广泛引用，发挥了不可替代的学术传承作用。

① "城邦事务方面的明智，一种主导性的明智是立法学，另一种处理具体事务的，则独占了这两者共有的名称，被称作政治学。"（亚里士多德：《尼各马可伦理学》，第六卷，8, 1141b25）

《神学大全》（IIaIIae, q.50, a.1）论"立法"：我这样回答，如上所述，统治和命令属于明智。因此，人们发现人的行为中只要有一种统治和命令的特殊形态，那里也有明智的特殊形态。然而，一个人显然不仅应统治自己，还应统治城邦或王国的完善共同体，人们发现有一种特殊而完善的统治形态，因为统治越普遍、扩张的范围越广、订立的目标越高，它就越完善。因此，对于统治一个城邦或一个王国的君主而言，有一种特殊而且最完善的明智形态与之相匹配。正因为此，有一种君主种类的明智。

② 奥古斯丁：《论大公教会的生活之道与摩尼教的生活之道》（*De Moribus Ecclesiae Catholicae et De Moribus Manichaeorum*），I.15。此书讨论了两个宗教的教义教规，以及一些应道如何生活的指导。奥古斯丁（354—430年），出生于北非努米底亚王国，早年是摩尼教徒，后来皈依基督教，成为著名的基督教思想家，位列四大拉丁教父之首，他对经院哲学的影响不亚于亚里士多德。奥古斯丁的作品具有鲜明的护教性质，是《神学大全》的重要神学资源。

③ fas最初指宗教方面的训令或命中注定的事，后来引申出法律的含义，成了jus的同义词。

humana）。"① 因此，法权不是正义的对象。

正：与之相反，因为伊西多尔说："法权（jus）之所以被称作法权，是因为它公正（justum）。"② 而公正是正义的对象，因为哲学家［亚里士多德］说："所有人都愿意说正

---

① 伊西多尔：《词源》，V.2。
《神学大全》(IaIIae, q.91, a.3) 论"人的法律"：法律是实践理性的命令。我们可以看到实践理性和思辨理性遵循着类似的步骤，如前所述，二者都是从某些原则出发到达特定的结论。正如思辨理性中发生的事情，我们可以从自然可知的不可证明的原则中得出各种不同科学的结论，这种知识并非通过我们的本性即可知，而是通过理性的努力，因此，从自然法的原则，从共同的不证自明的原则，人类理性需要进入对特定事项的更为具体的决定。如果符合前述关于法律的其他必要条件，这些由人类理性所产生的具体决定就称之为人的法律。
《神学大全》(IaIIae, q.91, a.4) 论"神的法律"：除自然法律和人的法律外，依然需要神的法律引导人的行为。这有四个理由：第一，鉴于人类的最终目的，怎样去实施恰当的行为，这正需借助法律。如果人类除了与其自然能力相适应的目的外没有其他的目的，那么就理性而言，除了自然法律和由自然法律而来的由人设定的人的法律之外，就不再需要更进一步的指引。但上文曾言，人类永福的目的超越了人的自然能力，所以除了自然法律和人的法律之外，人类还需要上帝所赋予的法律指引其达到最终目的。第二，由于人的判断是不确定的，特别是在偶然而具体的事件上，不同的人会形成不同的行为判断，因此也会导致不同的甚至对立的法律。为使人类毫无疑问地认识其应该实施的和应当避免的，需要上帝设定法律指导其正确地行为，因为只有这种法律确定是不会出错的。第三，因为人只能就其能够判断的事项立法，但人不能对内部的活动做出判断，只能对可观察到的外部行为做出判断，而道德的完善需要人在这两种行为上都做出正确的判断，所以人的法律不足以约束和指引内部的行为，这样为了实现这一目的就需要神的法律的介入。第四，如奥古斯丁所说，人的法律不可能禁止和惩罚所有罪恶的行为，因为在消除所有罪恶的同时也会排除许多善的事物，而这会阻碍人生所需的共同善的实现。因此，为了禁止并惩罚一切罪恶，需要神的法律的介入以禁止所有的罪恶。

② 伊西多尔：《词源》，V.2。

义是这样的习性(habitum),[①] 它使人行事公正。"[②]

经：我这样回答，正义跟其他德性相比有一特质，它指导人与他人相处。因为它带来某种平等(aequalitatem)，如其名称所示：的确，通俗地说，使事物彼此相等则公正；不过，平等涉及他人，而其他诸德性只在有益于自己的这些事情上成就人。所以，这样说其他诸德性的活动(operibus)才正确，德性的目标(intentio)几近趋向专门的对象，不通过它与行动者的关系，就认识不了这目标；这样说正义的行为当然正确，只不过除了与行动者的关系，还涉及与他人的关系。事实上，只有与他人达成某种有益的平等，我们的行为才称得上公正，例如为提供的服务支付报酬。[③]

[①] 习性(habitus)是品质(ἦθος)的拉丁译名。ἦθος 原指"居处"，后引申出"品质""性质"等含义。亚里士多德据此创造出"伦理"(ἠθικος)一词。阿奎那把习性界定为"一种指向事物的本性、活动或目的的安排方式(dispositionem)，根据这安排方式，某个东西被安排得好或不好……所以，许多存在物的天性及活动，必然混在一起，而且能够以不同的方式组合起来，因此，必须有习性"。(《神学大全》，IaIIae, q.49, a.4)

[②] 参见亚里士多德：《尼各马可伦理学》，第五卷，1，1129a10。需要注意的是，亚里士多德仅仅将这句话看作一个关于正义的意见，作为进一步讨论的基础。在此基础上，他先后讨论了作为总体德性的正义和作为德性一部分的正义，作为分配的正义和作为矫正的正义，以及自然的正义和约定的正义。

[③] 正义与节制、勇敢等其他道德德性的差异在以下章节展开：《神学大全》，IIaIIae, q.58, a.9—11。

所以，我们称这些行为是公正的，仿佛它具有正义的正确，正义的行为被这公正的东西界定，就像正义的思考不仅仅取决于行动者。但是，在其他德性中，没有东西被界定为正确，除非行动者这样做。正因为此，正义有别于其他德性，有自己的特定对象，这对象被称作公正的事物（justum），即"法权"。因此，很明显，法权是正义的对象。

疏1：所以针对第一条驳论，我要这样说，一个名称偏离其最初的用法，表示其他含义，十分常见，比如，medicina 最初用来表示治疗病人的药，后来引申为治病的技艺。同样的，jus 这名称最初用来表示公正的事物本身；可后来，它转变成认识何为公正的技艺；之后又进而表示恢复法权的场所，比如说，有人出现在法庭上（in jure）；之后，据说又指恢复法权的人，他的职责是维护正义，[1] 即便他的判决并不公平。

疏2：针对第二条驳论，我要这样说，就像技艺制作出来的那些外在事物，有一种道理（ratio）事先存于制作者心中，这道理被称作技艺的规则，同样地，由道理刻画

---

[1] 关于前者，参见普劳图斯（Plautus）、贺拉斯（Quintus Horatius Flaccus）等古罗马作家，后者可参见西塞罗（Cicero）、李维（Titus Livius）。具体用法参见：《牛津拉丁语词典》，第 984—986 页。

的那公正的作品,也有某种道理事先存于心中,就像明智的某种规则。如果把这规则诉诸文字,就叫作"法律",因为根据伊西多尔,法律就是"成文的规定"(constitutio scripta)。① 所以准确地说,法律不是法权本身,而是法权的某种道理。

疏 3:针对第三条驳论,我要这样说,正义带来平等,但是我们不可能给神同等的回报,因此我们回馈上帝(Deo)的公正不可能做到根据完全平等的地步。② 鉴于此,把神的法律称作法权就不准确,而应称作"天意",因为只要我们尽力而为,上帝就会满意。不过,正义尤其于使人尽其所能地报答上帝,使灵魂完全顺从他。

第 2 节 法权被划分为自然法和实定法是否恰当

第 2 节这样进行:③

驳 1:法权被划分为自然法(jus naturale)和实定法(jus

---

① 伊西多尔:《词源》,V.1。比较:《神学大全》,IIaIIae, q.60, a.5。

② 《神学大全》(IIaIIae, q.80, a.1):正义的本质其实在于根据平等,将他人所应得的归于他,如上所述。所以,一种对待他人的德性缺乏正义之理表现在两个方面:第一,在平等方面;第二,在义务和责任的特点方面。然而,平等却并非神学意义上的正义的着眼点。

③ 本节可对勘:《神学大全》,IIaIIae, q.60, a.5;《〈尼各马可伦理学〉评注》(*Sententia Libri Ethicorum*),V, lect.12。

positivum）似乎不恰当。① 因为自然的事物不可变易，而且对所有人都相同。可是，这样的东西在人类事务中找不到，因为人法（juris humani）的所有规则在某些情况下会失效，而且它们也并非在任何地方都具有效力。因此，不存在自然法一类的东西。

驳 2：再者，被称作实定的东西，出自人的意志（voluntate）。② 但是，某个东西之所以公正，并非因为它出自人的意志，否则人的意志不可能不公正。因此，公正

---

① 自然（naturale）和实定（positivum）的对立源自古希腊哲学，尤其是亚里士多德哲学中的自然观。所谓"自然"，指源于事物内部的运动。这里不涉及那些源于恩赐或仁爱等运动。所以，自然与超自然的对立不在此讨论范畴之列。实定的（positive）在这里不与否定的（negative）相对立，而表示某种由意志设定或强加的东西，不产生于行动者内在的自由意志。

自然法律（νόμος φύσεως, lex naturalis）在古希腊哲学的语境中是一个自相矛盾的奇怪组合，因为在古希腊哲人看来，自然与法律的对立不可调和。柏拉图笔下的"自然法律"概念（《高尔吉亚》，483e；《蒂迈欧》，83e）通常被认为是比喻性的。亚里士多德没有在《尼各马可伦理学》和《政治学》中讨论过"自然法律"，这一表述只出现在《修辞学》（Rhetoric）中对《安提戈涅》著名段落（第449—460行）的分析中。严格意义上的自然法律理论至多追溯到廊下派的道德学说，参见西塞罗：《论共和国》（De Re Publica），第三卷。与之相对应的是，亚里士多德在《尼各马可伦理学》第五卷中讨论的自然正当（δίκαιον φυσικόν）观念后来汇入了自然法律的传统中。

阿奎那把自然法律界定为"理性造物对永恒法律的分有"（《神学大全》，IaIIae, q.91, a.2）。实定法即人的法律，"从自然法律的原则，从共同的不证自明的原则，人类理性需要进入对特定事项的更为具体的决定。如果符合前述关于法律的其他必要条件，这些由人类理性所产生的具体决定就称之为人的法律"（《神学大全》，IaIIae, q.91, a.3）。

② 阿奎那把意志（voluntas）界定为"专属于人的理性欲求"（rationalis appetitus）（《神学大全》，IaIIae, q.6, pr.），是人性行动的重要条件。

的事物与法权是一回事,实定法似乎不存在。

驳 3:再者,神法(jus divinum)不是自然法,[1] 因为它超越了人的自然。相应地,神法也不是实定法,因为它并非基于人的权威,而是基于神圣权威。因此,法权被分为自然的和实定的并不恰当。

正:与之相反,哲学家[亚里士多德]说"政治的公正(politici justi)有些是自然的,有些是约定的(legale)",[2] 后者由法律所决定。[3]

---

[1] 神法和神的法律(lex divina)在阿奎那笔下是一个不太严格的区分,阿奎那没有专门给神法下过定义,不过他却把神的法律界定为"引导人向善的外在原则之一,它不只指导外在的行为,也指导内在的行为,以示人超自然的和神圣的目的"(《神学大全》,IaIIae, q.91, a.4)。

[2] 亚里士多德:《尼各马可伦理学》,第五卷7,1134b20。需要注意的是,亚里士多德是在政治正义的前提下谈论自然正义和习俗正义的,阿奎那的自然法律观念实际上突破了这个前提。

[3] 在《神学大全》中,法权(jus)与法律(lex)的主要关系如下:第一,法律主要出现于第二卷的第一部分,法权则出现于第二卷的第二部分。法权几乎很少在论法律的部分出现;而论正义的部分正好相反,法权更为常见,法律反倒比较罕见。一般情况下,法律和法权可以交替使用。第二,罗马法传统主要用法权来讨论自然法和实定法。自然法不局限于一种纯粹自然的假想状态,而呈现为在恩典(gratia)支配下的人性活动;与之相关的自然法律不是指法典。第三,实定法律分成神的法律和人的法律。神的法律在这里指《旧约》颁布的法。人的法律又分为市民法和教会法(canon law)。教会法专指教会内部的法律;关于教会的法律(ecclesiastical law)指一个国家涉及教会的法律,介于市民法和教会法之间。当然,所有这些区分都是理论上的;在实践中,它们各自都有重叠和混合。

经：我这样回答，如上所述[q.57, a.1]，法权或公正是根据某种平等的方式与他人彼此相等的行为。然而，对某人而言，端平有两种方式：一种方式出自事物的自然本性，例如，一个人付出多少，就应当收获多少，这叫自然法。另一种与他人彼此相等或相称的方式是根据约定或根据共同的同意，只要他获得一定数量，他就认定自己感到满意。第二种方式又有两种实现途径：第一种通过私人的约定，即在私下的个人相互达成协议；第二种是出于公共的约定，例如全体人民一致同意，某样东西要彼此相等或与他人相称，由照料并且代表人民的君主做出规定，这叫实定法。①

疏 1：所以针对第一条驳论，我要这样说，自然的事物本性不变，它必须在任何时候、任何地方都是如此。但是，人的本性是变易的（mutabilis），② 所以对于人来说，自

---

① 术语"私人的"（privatum）与"公共的"（publicum）带有典型的罗马法色彩：前者不涉及官方立场或国家利益；后者属于人民或国家。《神学大全》有时会进一步区分"公共的"和"共同的"（commune），但其差异在道德领域更深刻，在法律领域较缓和。

② 亚里士多德认为，自然正当是可变的，阿奎那并不完全赞同他的立场。《神学大全》（IaIIae, q.94, a.4）论"自然法律的普遍性"：自然法律就其首要的共同原则而言不论是在其正确性上还是认知上对所有人都相同。作为这些共同原则之结论的某些较为具体的方面，在大多数情况下其正确性和认知度对于所有人也都相同；但是，在很少的一部分情形中却可能失效。这不仅体现在其正确性方

然的事物有时会失效。例如，物归原主合乎自然平等，①

面，这是由于特定的阻碍（正如本性易于堕落和腐朽因而会受到一些阻碍而失去效用），而且也体现在认知方面，这是由于在这些情形中本性会被激情、坏习惯或者坏的本性倾向所败坏。

《神学大全》（IaIIae, q.94, a.5）论"自然法律的变易性"：自然法律的变动可以从两个方面来理解。首先是增加的方面。在这一意义上，无法阻挡自然法改变，因为通过神的法律和人的法律，许多有利于人生的事情已经添加到自然法律中。其次，自然法律的变动也可以减除的方式加以理解。以前与自然法律一致的事物现在不再如此。在这一意义上，自然法律在其首要原则上虽然没有发生变化，但在其派生原则上却发生了变化，如前所述，这些原则是源自首要原则的具体而最接近的结论。自然法律若不被如此改变，自然法律的内容在大多数情况下就不会一直正确。但如上所述，它可能由于一些阻碍特定命令遵守的特殊原因而在罕见的情形中发生改变。

① aequalitas（平等）源自 ἐπιείκεια（公道）。对勘：《神学大全》，IaIIae, q.96, a.6; IIaIIae, q.120。亚里士多德，《尼各马可伦理学》，第五卷，10。

阿奎那区分了平等与公平（aequitas），它们各自反映出亚里士多德的公道概念的部分意涵。ἐπιείκεια 的基本含义是"权变"或"权宜"，即以变通的方式活用成文法律，不墨守法律的文字或惯例。法律的目的在于规范行为，但人世间的行为千变万化，一般性的法律不可能面面俱到、毫无遗漏。在某种特殊情况下，死守法律的条文不但无益，反而变得有害且不公平、不合理。这时便应忽视法律的文字，而注重立法的用心或精神，以变通的方式，灵活面对法律。在这一意义上，ἐπιείκεια 可理解为与"法理"相对的"情理"。在认知方面，它与 γνώμη（判断力）有关；在实践方面，它是正义的一部分。

《神学大全》（IaIIae, q.96, a.6）论"服从法律条文"：对某条法律的遵守在大多数情况下有益于人们的共同幸福，而在另一些情况下却非常有害。这是由于立法者无法考虑到每一具体情形，他以共同善为指导而根据最经常发生的事例来塑造法律。由此，如果遵守法律有损共同幸福，那么就不应当遵守它。

《神学大全》（IIaIIae q.120, a.1）论"公道"：由于法律涉及的人类行为是关于无数千变万化的个别偶然情形，所以无法定出在任何个别事例上都没有疏漏的法律规则。立法者在制定法律时，注意一般发生的事。所以，如果硬把法律应用在某些事例上，就会违背正义，损害共同之善，而维护共同之善原是法律目的所在……在这些情形下，墨守成文法律是不对的，忽视法律的文字，而遵从正义之理是更好的办法。希腊文 ἐπιείκεια，即拉丁文的 aequitas，就是这个意思。因此，公道是一种德性。

只要人的本性总是正确的，就要一直遵守；但是，人的意志偶有偏私，在这种情况下，不应当物归原主，以免心怀恶意者用所归还之物作奸犯科：好比一个疯子或国家公敌索取本该归还他的武器。①

疏 2：针对第二条驳论，我要这样说，人的意志可以根据共同的约定使事物变公正，只要这些事物本身不违背自然正义；实定法在这些事物中有一席之地。因此哲学家［亚里士多德］说："在法律正义的情况中，第一次是这样还是那样并没有差别，一旦确定下来，就有差别了。"② 但是，如果一个事物本身违背自然法，那人类意志无法使它变得公正，例如规定允许偷窃（furari）或通奸（adulterium）。③ 因此《以赛亚书》说："祸哉！那些设立

"一方面，公道优越于一种公正，本身就公正；另一方面，公道又不是与公正根源上不同而比它优越的另一类事物。所以公正和公道是一回事，两者都是善，公道更好些……公道虽然公正，却不属于法律的公正，而是对法律公正的一种纠正。"（亚里士多德：《尼各马可伦理学》，第五卷，10, 1137b5）

① 这沿用了苏格拉底在《理想国》（331c）中举的经典案例："如果某人从一位头脑健全的朋友那里拿了武器，之后，这朋友疯了，要索回武器，他不应该归还，倘若他归还，他就做得不合乎正义。"

② 参见亚里士多德：《尼各马可伦理学》，第五卷，7, 1134b20。

③ 有些罪行不在人的法律规定的范围内，比如《神学大全》（IaIIae, q.96, a.2）论"人的法律是否该压制所有罪恶"：人的法律却为大众而立，他们绝大多数在德性上都不完善。因此，人的法律并不禁止那些贤良所禁绝的全部恶行，而仅仅禁止最为严重的恶行，这些恶行大多数人都可以戒除；并且正是这些恶行才是伤害他人的主要行为，如果不加禁止，人类社会就难以为继。

《神学大全》（IIaIIae, q.66, a.3）论"偷窃"：有三点一起构成偷窃的本质。

不义之律例的人。"①

疏 3：针对第三条驳论，我要这样说，神法由上帝颁布；有些事物自然公正，可它们的正义却无人知晓；有些经上帝创立才变得公正。所以神法也可以分为二，就像人法。因为在神的法律(lege divina)中，有些事物被命令，是因为它们好，被禁止，是因为它们坏；另一些事物因为被规定，才好，因为被禁止，才坏。

第 3 节　万民法是否与自然法相同

第 3 节这样进行：

驳 1：万民法似乎与自然法相同。因为若非对人们都是自然的，人们不会同意。但是，所有人都同意万民法；

第一，违反各归其所有的正义原则，因此，擅取别人的东西属于偷窃行为。第二，它不同于侵犯人身的罪，如谋杀和奸淫。在这方面，偷窃是关于所有物的，因为，如果一个人所取自别人的不是一件所有物，而是别人的一部分，如割裂别人的肢体；或者是一个与别人有关的人，如把别人的女儿或妻子带走，这并不属于真正的偷窃。第三，构成偷窃本质的是暗中窃取他物。据此，偷窃的本质是暗中拿取别人的财物。

《神学大全》(IIaIIae, q.154, a.8)论"通奸"：通奸，如其所示，是亲近他人的床笫。谁做这样的事，就犯了不贞以及违反人类生育之善的双重罪名……由此可见，通奸是淫欲(luxuria)的一个特定类型，因为它与性行为有关，是一种卑鄙可耻的行为(deformitatem)。

① 《以赛亚书》10：1。《以赛亚书》是《旧约》先知书中最重要的一卷，有大量关于弥赛亚和福音的预言，特别是第 53 章，预言了弥赛亚耶稣将为所有人的罪而受苦。因为这些缘故，《以赛亚书》被《新约》频繁引用。

因为法学家[乌尔比安]说:"万民法适用于所有民族。"①因此,万民法就是自然法。

驳 2:再者,人们之间的奴役是自然的,因为据哲学家[亚里士多德]所说,有些人天生就是奴隶。②但是,伊西多尔说:"奴隶制属于万民法。"③因此,万民法就是自然法。

驳 3:再者,如上所述[q.57, a.2],法权被划分为自

---

① 《学说汇纂》(*Digesta*),I.1。《学说汇纂》作为罗马法学家著作的摘要汇编是优士丁尼编订的《民法大全》之核心部分,其中收录了 2 000 多条乌尔比安(约 170—228 年,古罗马法学家)的文字。

万民法是罗马法系统的一部分,它由两个不同的部分发展而来:一部分来自审判者们的判决,他们对异邦人有审判权;另一部分则来自法学家们的研究,他们希望调和不同民族之间的种种关系。后来通过伊西多尔、阿戈巴德(Agobard of Lyons)、辛克马尔(Hincmar of Rheims)及莫鲁斯(Rabanus Maurus)的引介,万民法逐渐渗透进神学领域。万民法在《神学大全》中讨论过两次,一次是这里,另一次是在第二卷第一部分问题 95 第四节。万民法与自然法律有关联,并被当作由自然法律推导出的结论之一。(对勘:《神学大全》,IaIIae, q.95, a.2。这一节十分重要,它区分了从自然法律得出的推论和由自然法律建构的决定)

《神学大全》(IaIIae, q.95, a.4)论"人的法律的划分":就人的法律之理而言,许多内容包含其中,以此人的法律得以恰当而基本地划分。首先,如上所述,人的法律之理派生于自然法律。在这方面,实定法被划分为万民法和市民法,这是根据上述派生于自然法律的两种方式。对于万民法的其内容是作为原则的结论而派生于自然法律,例如,公平交易等,没有这些人们就无法生活在一起;正如《政治学》卷一所证明的,人天生是一种社会的动物,这属于自然法律的内容。但是,那些通过具体决定的方式派生于自然法律的事物属于市民法,这视各个城邦确定什么是对其最好的而定。

② 参见亚里士多德:《政治学》,卷(A)一,章二,1252^{b}10。
③ 伊西多尔:《词源》,V.4。

然法和实定法。但是,万民法不是实定法,因为所有的民族从未同意以共同约定去规定某物。因此,万民法是自然法。

正:与之相反,伊西多尔说"法权要么是自然法,要么是市民法,要么是万民法",① 所以万民法与自然法不同。

经:我这样回答,如上所述[q.57, a.2],自然法或自然公正,就其本性而言使人与人彼此相等或相称。然而,这可以分两种情况:一种情况是根据绝对的考虑本身;例如雄性就其自身的生理原因与雌性相配,并与雌性生育;并且成为子女的父母,养育他们。另一种情况指,一物自然地与他人相称,并非根据绝对的考虑本身,而是根据由之而来的结果,比如财产所有权;因为如果有一块特定的土地根据绝对的考虑,并没有理由说它应当属于这个人,不属于那个人;但如果考虑到耕作的便利以及土地的和平使用,那根据这一点,这个人而非那个人便与之相配,一如哲学家[亚里士多德]所示。②

---

① 伊西多尔:《词源》,V.4。
② 参见亚里士多德:《政治学》,卷 B(二),章五,1263ᵃ10。

然而，彻底理解一个东西，不但要理解它对人的意义，还要理解它对其他动物的意义。法权之所以被称为自然的，根据的是第一种情况，我们与其他动物共同属于这种情况。然而，与所谓的自然法相比，万民法有所不同，正如法学家［乌尔比安］所说，因为"前者［自然法］为所有动物共有，而后者［万民法］只为人类自己所共有"。① 另一方面，将一个东西与它所产生的结果相比较，这是专属于理性的考虑方式，这之所以对人来说同样自然，是因为根据自然理性（rationem naturalen），自然理性指明了上述考虑。因此，法学家盖尤斯（Gaius）说："凡是自然理性在所有人中间订立的规矩，被所有民族遵守，它叫作万民法。"②

疏 1：这足以回应第一条驳论了。

疏 2：针对第二条驳论，我要这样说，从绝对的考虑来看，这个人而非那个人是奴隶。这根据的不是自然理性，而是某种随之而来的利益，因为受更聪明的人统治对这人有益，这人也会获得前者的帮助，正如《政治学》

---

① 《学说汇纂》，I.1。
② 《学说汇纂》，I.1。盖尤斯，公元 2 世纪古罗马法学家，《法学阶梯》是其代表作。

(*Politics*)所说。① 所以，属于万民法的奴隶制在第二种情况下是自然的，在第一种情况下不是。②

疏 3：针对第三条驳论，我要这样说，既然自然理性指明的事物属于万民法，比如一种近似公平（aequitatem）的品质（habentia），因此，这些事物不需要专门制定，自然理性本身就制定了它们，正如上述引用的权威所说。③

第 4 节　是否应当专门区分父权和所有权

第 4 节这样进行：④

驳 1：似乎不应当专门区分父权和所有权（jus

---

① "……很明显，人类确实原来存在着自然奴隶和自然自由人的区别，前者为奴，后者为主，各随其天赋的本分而成为统治和从属，这就有益而合乎正义。谁要是滥用或误用主人的权威，那就必然损害主奴双方的利益。部分和全体，有如身体和灵魂，必然利害相同；奴隶和主人虽是两个不同的人身，但从主奴体系上说，奴隶就成为从属于主人的一个部分。在合乎自然的奴隶体系中，两者各尽自己的职分，这就存在着友爱和共同利益。"[亚里士多德：《政治学》，卷（A）一，章六，1255^{b}5]

② 关于奴隶制的问题，参见：a.4。

③ 《神学大全》（IaIIae, q.95, a.4, ad.1）：在人是一种理性存在者的意义上，万民法在某种程度上对人确实是自然的，因为它以一种结论的方式派生于自然法律，这种结论距其原则并不远。因此，人们就此可以轻易达成一致。不过，它不同于自然法律，特别不同于那些对所有动物都相同的自然法律。

④ 本节可对勘：《神学大全》，IIaIIae, q.58, a.7, ad.3。《〈尼各马可伦理学〉评注》，V, lect. 11。《〈箴言四书〉评注》（*Scriptum super Sententiis*），II, Sent. 44, 2, 1; III, 9, 1, 1, iv。

paternum et dominativum)。^① 因为使人各得其所，是正义的一部分，正如安波罗修（Ambrosius）所说。^② 但是，法权是正义的对象，如上所述[q.57, a.1]。所以法权平等地属于每一个人；而我们不应当专门区分关于父亲的和主人

---

① 父权（δίκαιον πατρικόν）和所有权（δίκαιον δεσποτικόν）皆属家庭或家族内部的权利（δίκαιον οἰκονομικόν）。就像上一节讨论的万民法，它不是《神学大全》中的一个贯穿性要素。亚里士多德的权威支配着这里的讨论。不过，这两个概念在罗马法中的地位突出。共和早期家父权（patria potestas）带有的惩罚性质日趋缓和，部分由于罗马人的理智，部分由于基督教；在公元6世纪的《优士丁尼法典》中，父权已变得像监护权。阿奎那的主要法学资源是教会法学家和评注法学派，他们的研究仅限于《优士丁尼法典》，没有将父权概念上溯至古典时期。尽管阿奎那在处理法律事务方面有着充分的准备，而且从强大的法典化运动的中心展开写作，但他仍旧偏好伦理学胜过法学，这很引人注目。

至于奴隶制，他在这里无意进行褒贬，而是要表明，主人的权利并未体现出权利一词的充分内涵。奴隶（servus, servitus）指，不是自己的主人（dominus），或不具有所有权（dominium）。尽管阿奎那无意为奴隶制辩护，但他赞同服从与统治的必要性。比较《神学大全》（Ia, q.96, a.4）论"天真状态中的统治权"：统治权有两种。一种与奴役对立，所谓主人，指有奴隶从属于他。另一种统治权，按照一般的说法，与任何从属都相关，如此负责管理和领导自由人的那人，也可以称作主人。在纯真状态中（in statu innocentiae），一个人对另一个人没有第一种统治权；但是在纯真状态中，一个人能以第二种统治权统治另一个人。

从历史来看，奴隶制作为一种制度，在《圣经》中并未被批判。古典罗马法限定了奴隶的成因，而具体实践中又允许正式的和非正式的释放或解放。封建制下的农奴在阿奎那生活的13世纪已经开始衰落，维兰制下的雇农同样如此。slave（奴隶）源自晚期拉丁文 sclavus，原本是一个斯拉夫部落的名称。因此，阿奎那只能借助这些变形的经验观察奴隶制现象。

不过，关于儿子的父权和关于奴隶的所有权有一个共同点，比较《神学大全》（IIaIIae, q.65, a.2）论"殴打"：一个人不得殴打另一个人，除非他对这个被打的人具有某种权力。既然儿子属于父亲，奴隶属于主人，所以为了规训与惩罚，可以允许父亲殴打儿子，主人殴打奴隶。

② 安波罗修：《论义务》（De Officiis），I. 24。安波罗修（340—397年），米兰主教，四大拉丁教父之一。

的法权(jus patris et domini)。

驳 2：再者，法律是公正事物之理，如上所述[q.57, a.1, ad.2]。但是，由上可知，法律关心城邦和王国的共同之善，①却不关心单个人或单个家庭的私人之善。因此不应当有关于主人公正或父亲公正(justum dominativum vel paternum)的专门法权，因为主人和父亲属于家庭，正如《政治学》所说。②

驳 3：再者，人分九等，有人是战士，有人是祭司，有人是君主。所以应当为他们界定专门的公正事物。

正：与之相反，哲学家[亚里士多德]在政治公正之外还专门区分了主人、父亲以及其他类型的公正。③

---

① 《神学大全》(IaIIae, q.90, a.2)论"法律的目的"：法律必然在最大程度上关注对福祉的安排。而且，由于正如不完善注定趋向完善，部分趋向整体；然而，由于一个人是完善共同体的一部分，所以，法律必然专门地关注通向共同幸福的安排。

② "研究每一事物应从最单纯的基本要素(部分)着手；就一个完整的家庭而论，这些就是：主和奴，夫和妇，父和子。"[亚里士多德：《政治学》，卷(A)一，章三，1253^b5]

③ "主人和奴隶间以及父亲和子女间的公正不是政治的公正，而只是与它类似。因为，对于属于自己的东西不存在严格意义上的不公正。一个人的一份动产，以及他的尚未成年而独立的孩子就好比是他自己身体的一部分，没有人会愿意伤害他自己，一个人对于他自己也不可能不公正。所以，在这些关系中表现不出政治的公正或不公正。"(亚里士多德：《尼各马可伦理学》，第五卷，6, 1134b10)

经：我这样回答，法权或公正据说有赖于与他人相称。然而，他人可以表示两层含义。第一，他是纯粹的他人，就像跟所有人都有区别，就像明显是两个人，谁也不属于对方，他俩都受城邦的同一位统治者统治；根据哲学家[亚里士多德]，① 在他们中间有纯粹的公正。第二，当一个东西被说成是别的东西时，不是纯粹的不同，而是多少属于别的东西；就此而言，在人类事务中，儿子属于他的父亲，因为他算是父亲的一部分，正如《伦理学》所说，② 奴隶属于他的主人，因为他是主人的工具，正如《政治学》所说。③

---

① "政治的公正是自足地共同生活、通过比例达到平等或在数量上平等的人们之间的公正。"（亚里士多德：《尼各马可伦理学》，第五卷，6，1134a25）

② "父母爱子女，是把他们当作自身的一部分。子女爱父母，是因为父母是他们存在的来源。父母更知道孩子是己之所出，孩子则对这点所知较浅。相比之下，生育者更把被生育者看作是属于自己的。被生育者则较少把生育者看作属于自己。因为，总是产品属于其制作者……"（亚里士多德：《尼各马可伦理学》，第八卷，12，1161b20）

③ "奴隶，于是，也是一宗有生命的财产；一切从属的人们都可算作优先于其他[无生命]工具的[有生命]工具……可以明了奴隶的性质和他的本分了：(1)任何人在本性上不属于自己的人格而从属于别人，则自然而为奴隶；(2)任何人既然成为一笔财产（一件用品），就应当成为别人的所有物；(3)这笔财产就在生活行为上被当作一件工具，这种工具是和其所有者可以分离的。"[亚里士多德：《政治学》，卷(A)一，章四，1253^{b}35，1254^{a}15]
"在治理者与被治理者没有共同点的地方，就没有友爱，也没有公正。这就像工匠同工具、灵魂同肉体（或主人同奴隶）的关系。即使后者由于得到使用而受益，对于这些无生命物也不存在什么友爱和公正。对于一匹马或一头牛，对于作为奴隶的奴隶也是这样。因为，在这两者之间没有共同点。奴隶是有生命的工具，工具是无生命的奴隶。所以，对作为奴隶的奴隶不可能有友爱。然而，对作为人的奴隶则可能有。"（亚里士多德：《尼各马可伦理学》，第八卷，11，1161a35）

所以父亲同儿子的关系并非就像一个人同纯粹的他人的关系；正因为如此，那里没有纯粹的公正，而是某种特定的公正，亦即"父亲的"公正。同理，在主人和奴隶之间也没有纯粹的公正，而叫作"主人的"公正。

不过，虽然妻子也属于丈夫，因为她与丈夫的关系就像她与自己身体的关系，正如使徒在《以弗所书》中所说。① 但是，妻子与丈夫的区别，甚于儿子与父亲的区别，或奴隶与主人的区别。因为她出嫁后便参与到某种夫妻之间的婚姻生活之中；所以，正如哲学家[亚里士多德]所说，② 夫妻之间比父子或主奴之间享有更多的公正之理：因为夫妻与家庭的共同生活有直接联系，正如《政治学》所述，③ 所以在他们之间没有纯粹的政治公正，而是家庭公正。

疏 1：所以针对第一条驳论，我要这样说，正义即使人各得各自的法权，不过这正义假定了一个人与另一个人

---

① 《以弗所书》5:28："丈夫也当照样爱妻子，如同爱自己的身子。爱妻子，便是爱自己了。"《以弗所书》是保罗在罗马监狱中所写的书信，该书主题是教会。

② "……公正在丈夫同妻子的关系中比在父亲同子女或主人同奴隶的关系中表现得充分些。这种公正是家室的公正。不过这种公正也还是不同于政治的公正。"(亚里士多德:《尼各马可伦理学》，第五卷，6, 1134b15)

③ 参见亚里士多德:《政治学》，卷(A)一，章三，1253^{b}6。同时参见本页注释②。"丈夫对于妻子，父亲对于子女的治理虽然同样为对于自由人的统治，但也有所不同，父子关系好像君主的统制，夫妻关系则好像共和政体。"[亚里士多德:《政治学》，卷(A)一，章十二，1259^{a}40]

的差异；因为，如果有人把本属于他自己的东西给自己，就其本意而言，这不叫公正。因为属于儿子的东西也属于他的父亲，属于奴隶的东西也属于他的主人，所以就其本意而言，父亲对于儿子，或主人对于奴隶，没有正义。

疏 2：针对第二条驳论，我要这样说，儿子之为儿子，属于他的父亲；同样地，奴隶之为奴隶，属于他的主人；然而，若把他们当作人来考虑，他们就其自身而言不同于其他人。因此，只要他们是人，就有一种正义针对他们；正因为如此，还制定了一些法律，处理父亲对儿子，或主人对奴隶的相关事务；但是，只要他们属于别人，根据这一点，公正或法权的完全之理就与他们无关。

疏 3：针对第三条驳论，我要这样说，城邦中的所有其他的个人差异都与城邦的共同生活及其统治者直接相关；所以，对于他们来说存在公正，根据正义的完全之理。不过，这公正根据职位的不同而有所区别，所以所谓的战士的法权、长官的或祭司的法权，并不因此而不如纯粹的公正，就像所谓的父权和所有权，而是因人而异地根据专门的职务给予专门的东西。①

---

① 《神学大全》(IIaIIae, q.61, a.1) 表明，国家的长官是具体正义的代理人，不管是分配正义抑或交换正义，他们必须为侵犯交换正义而进行返还。

问题 58　论正义

接下来需要考虑正义；关于正义，考察 12 节：

1. 什么是正义？
2. 正义是否总是针对他人？
3. 正义是否是一种德性？
4. 正义在意志之中是否就像在主体之中？
5. 正义是否是一种普遍德性？
6. 作为普遍德性的正义，在本质上是否与整个德性相同？
7. 是否有一种具体正义？
8. 具体正义是否有专门的质料？
9. 正义是否与感受有关，抑或只与举止有关？
10. 正义的中道是否是事物的中道？

11. 正义的行为是否使人各得其所？

12. 正义在其他道德德性中是否是首要的？

第 1 节　正义被这样界定是否恰当，即它是一种永恒而持久的意志，使人各得其所的法权

第 1 节这样进行：①

驳 1：正义似乎被法学家们不恰当地界定为"一种永恒而持久的意志，使人各得其所的法权"。② 因为，根据哲学家［亚里士多德］，正义是一种习性，它使人"能够做事公正，而且在做事和意志方面都变得公正"。③ 但是，意志指一种力量，或一种行为。因此，把正义说成是意志不恰当。

驳 2：再者，意志的正确不是意志；如果意志等同于

---

① 本节可对勘：《〈箴言四书〉评注》，IV Sent. 21, 3, ad.3；安瑟伦（St. Anselm of Canterbury），《论真理》（De Veritate），I, 5, ad.12。

当前对正义的讨论相当于把它界定为让人各得其所的道德德性，而圣经意义上的正义（δικαιοσύνη, justitia）以及正派是正直之人的特征，比如《马太福音》3:15："耶稣回答说，你暂且许我。因为我们理当这样尽诸般的义。"《马太福音》5:6："饥渴慕义的人有福了……"《提多书》1:8："乐意接待远人，好善，庄重，公平，圣洁自持。"《哥罗西书》4:1："你们作主人的，要公公平平地待仆人，因为知道你们也有一位主在天上。"

② 《学说汇纂》，I.1。

③ 参见亚里士多德：《尼各马可伦理学》，第五卷，1, 1129a5。

它自身的正确,那么没有意志不正确。但是,根据安瑟伦,"正义即正确"。① 因此正义不是意志。

驳 3:再者,只有神的意志是永恒的。因此,如果正义是一种永恒的意志,它将只存在于神之中。

驳 4:再者,凡是永恒的就是持久的,因为它不可变化。因此,把正义界定为"永恒而持久的"是多余的。

驳 5:再者,使人各得其所的法权,这属于君主的事。因此,如果正义是使人各得其所的法权,那么,正义只存在于君主之中,这是不恰当的。

驳 6:再者,奥古斯丁说:"正义仅仅在于热爱侍奉神。"② 因此,正义它不在于使人各得其所。

经:③ 我这样回答,如果理解正确,上述关于正义的定义是恰当的。既然每一种德性都是一种习性,而这种习性又是一种善行(boni actus)的原则,那么,有必要根据善

---

① 《论真理》,xii。安瑟伦(1033—1109 年),唯实论者,有最后一位教父和第一位经院哲人之称,代表作有《独白》(Monologion)、《论真理》以及《上帝何以成人》(Cur Deus Homo)。

② 奥古斯丁:《论大公教会的生活之道与摩尼教的生活之道》,xv。

③ 这里缺少"正"(sed contra)的环节,或许是因为在阿奎那眼中,这里的定义者乌尔比安既不代表亚里士多德也不代表圣经作者的立场,尽管西塞罗在下一节被当作"正"的权威。某些版本补上了这里缺少的"正"——与之相反,法学家乌尔比安却这样主张。

行界定德性，因为善行与德性的专门质料有关。然而，正义专门与他人交往的那些事情有关，就像专门的质料，如下文所示[q.58, a.2, a.8]。所以，正义的行为与特定的质料及对象的关系，就由这句话所表明，"使人各得其所的法权"，因为，正如伊西多尔所说，"一个人被称为公正，是因为他保卫法权"①。

然而，为了使某一项与任何质料有关的行为合乎德性，它需要自愿、持久而坚定；因为哲学家[亚里士多德]说，为了使一项行为合乎德性，他首先需要认识（sciens）那行为；其次，他需要经过选择，而且是出于行为自身的选择；最后，他需要坚定不移地行动。②不过，第一点被第二点包含，因为"出于无知的行为违反意志"，如《伦理学》所说。③所以，在下定义时，正义首先被规定为意志，它表明正义的行为必须自愿；然后才补充"持久性"和"永恒性"，以表示行为的坚定。

所以，上述定义是一个完整的正义定义；只不过行为取代了习性，习性根据行为分类；因为习性指向行为。如

---

① 伊西多尔:《词源》，x。
② 第三点与亚里士多德的讲法有些许出入:"他必须是出于一种确定了的、稳定的品质而那样选择的。"（亚里士多德:《尼各马可伦理学》，第二卷，4，1105b）
③ 参见亚里士多德:《尼各马可伦理学》，第三卷，1，1109b35。

果有人想要把正义还原为定义应有的形式,他可以这样说:"正义是一种习性,使人通过持久而永恒的意志分得各自应得的法权。"这与哲学家[亚里士多德]下的定义基本相同,他说:"正义是一种习性,据说使人根据公正的选择行动。"①

疏1:所以针对第一条驳论,我要这样说,意志在这里表示行为,而非能力。然而,著者们常用行为来界定习性,正如奥古斯丁所说:"信仰就是相信你看不见的事情。"②

疏2:针对第二条驳论,我要这样说,正义不是在本质上与正确相同,而是在起因上与正确相同:因为根据习性,一个人愿意并行事正确。

疏3:针对第三条驳论,我要这样说,意志可以在两种情况下被称作永恒:第一,从行为本身来讲,这行为持续不断,比如只有对上帝来说,意志才是永恒的。第二,从对象来讲,当然有人永远愿意做某事。这是正义之理的要求。因为,一个人愿意在某件事上暂时遵守正义,这并

---

① 参见亚里士多德:《尼各马可伦理学》,第五卷,5,1134a。

② 奥古斯丁:《〈约翰福音〉释义》(*In Evangelium Ioannis Tractatus Centum Viginti Quatuor*),XI。

不符合正义之理，因为很难发现这样一个人，他愿意在每一件事上都行不义；但是，正义要求人永远有意志，并且在每一件事上都遵守正义。

疏4：针对第四条驳论，我要这样说，既然"永恒的"并不根据意志行为的永恒性来理解，那么加上"持久的"就不多余：就像"永恒的意志"表示有人打算永远遵守正义；而"持久的"则表示坚定地坚持这一打算。

疏5：针对第五条驳论，我要这样说，审判者（judex）通过命令和指令的方式使人各得其所，① 因为审判者是"公正的化身"，君主是"公正的守护者"，正如《伦理学》所说。② 另一方面，臣民们通过执行的方式使人各得其所。

---

① 关于审判者，对勘《神学大全》（IaIIae, q.60, a.1; IIaIIae q.67）：一个审判者的判决，犹如一条个别的法律，关于一件个别的事实。为此，如同亚里士多德在《伦理学》中所说，正如一条一般性的法律应该有强制力，同样，一个审判者的判决也应该有强制力，使双方都不能不遵行审判者的判决，否则审判就毫无效力了。

② "这就是人们在有纷争时要去找审判者的原因。去找法官也就是去找公正。因为人们认为，法官就是公正的化身。其次，找法官也就是找中间，人们的确有时把法官叫作中间人，因为找到了中间也就找到了公正。"（亚里士多德：《尼各马可伦理学》，第五卷，4, 1132a20）"一个治理者是公正的护卫者。他既然是公正的护卫者，也就是平等的护卫者。一个治理者，如果被认为是公正的，就并没有得到多少好处（因为他不让自己在好处上得的过多，而只取相称于他所配得的那一份。他是在为他人的利益工作。因此人们说，如已经说过的，公正是为着别人的善的）。"（亚里士多德：《尼各马可伦理学》，第五卷，6, 1134b）最后这一结论暗指拉叙马霍斯的正义观，参见柏拉图：《理想国》，338c—339a。

疏 6：针对第六条驳论，我要这样说，如上所述，正如爱上帝包含了爱邻人，一个人侍奉上帝同样也包括使人各得其所应得。①

第 2 节　正义是否总是针对他人

第 2 节这样进行：②

驳 1：正义似乎不总是针对他人。因为使徒［保罗］说："神的义，因信仰耶稣基督加给一切相信的人。"③但是，信仰据说与人际交往无关。因此，正义也［与人际交往］无关。

驳 2：再者，根据奥古斯丁："正义在于侍奉上

---

①　《神学大全》(IaIIae, q.25, a.1)论"爱的对象"：我们应该爱邻人的那观点，就是上帝；因为我们爱邻人所应当关注的，就是使他在上帝之内。由此可见，爱上帝的行为，以及爱邻人的行为，是种类相同的行为。所以，爱的习性，不仅包括爱上帝，而且也包括爱邻人。

②　本节可对勘：《神学大全》，IaIIae, q.113, a.1; IIaIIae, q.57, a.4。《〈尼各马可伦理学〉评注》，lect. 17。
《神学大全》(IIaIIae, q.113, a.1)论"罪人称义"：正义本身即含有正确秩序的意思，因而可以从两方面来看。第一，指人的行动所含有的正确秩序，就此而言正义是一种德性；第二，指人之性情的一种正确秩序，即灵魂中低级的部分服从高级的部分，即理性。第二种方式是按由一点到相反的一点的动态。这时所谓的称义含有从不义状态到上述正义状态的转变，这里讲的罪人称义 (justificatione impii) 便是这样。

③　《罗马书》3：22。《罗马书》是使徒保罗写给罗马教会的书信，是《新约》最为重要的篇章之一，不乏历代学者的解读。

帝,并好好统治那些属于人的东西。"① 但是,感官欲求(appetitus)属于人,《创世记》这样说道:"罪就伏在门前……你却要制伏它。"② 因此,正义在于统治自己的欲望,这样正义便针对自己。

驳3:再者,上帝的正义是永恒的(aeterna)。③ 但是,没别的东西跟上帝同样永恒。因此,正义之理不是针对他人。

驳4:再者,就像针对他人的行为需要被矫正,针对自己的行为同样如此。但是,行为通过正义被矫正,根据《箴言》:"完全人的义,必指引他的路。"④ 因此正义不仅与那些针对他人的事情相关,而且还与针对自己的事情相关。

正:与之相反,西塞罗说:"这正义之理旨在维持人类

---

① 奥古斯丁:《论大公教会的生活之道与摩尼教的生活之道》,xv。
② 《创世记》4:7。《创世记》是《圣经旧约》的首篇,属于《摩西五经》之一,讲述了世界的起源、人类的起源以及被拣选的犹太民族的起源。
③ 《神学大全》(Ia, q.21, a.1)论"上帝的正义":正义分为两个种类。一种是在于彼此间的给予和接受,比如像买卖以及类似的交往与交易……另一种正义则在于分配,亦称为分配正义,治理者或管理者依据这种正义,根据各人的地位进行分配。正如家庭或团体井井有条,显示出那治理者有这种正义;同样,自然事物以及意志事物井井有条,也显示出上帝的正义。
④ 《箴言》11:5。《箴言》据说是古以色列的所罗门王所著,后被收入《旧约》。

生活于其中的社会以及共同的生活方式。"① 这意味着针对他人的考虑。因此，正义只与针对他人的那些事情有关。

经：我这样回答，如上所述［q.57, a.1］，既然正义的名称带来平等，那么它就其自身之理表示针对他人的事物。因为，平等的事物针对的不是他自己，而是别人。②

---

① 西塞罗：《论义务》(*De Officio*), I.7。西塞罗（公元前 106—公元 43 年），古罗马政治家、哲学家、演说家。西塞罗曾将大量古希腊著作译成拉丁文，可惜大多亡佚。不过，在翻译过程中，他成功地将希腊哲学概念转换成拉丁语概念，为日后西方哲学的发展奠定了基础。《论义务》是西塞罗一生最后一部著作。
② 《神学大全》(IaIIae, q.60, a.2) 论"道德德性的分类"：行为与感受可以有两种方式与德性发生关系。第一，作为结果。所有道德德性都会产生一些善的行为；也会产生一些快乐和悲伤，后者属于感受。第二，作为质料。关于行为的道德德性必然不同于关于感受的道德德性。
《神学大全》(IaIIae, q.61, a.3) 论"枢德"：所以我们可以从两方面思考上述四枢德。第一，根据共同的形式因。这里称之为主要的，对所有德性都是普遍的。例如，凡是在理性思考中造就善的德性，被称作明智；凡是在活动中造就义务和正确的善的德性，被称作正义；凡是收敛并抑制感受的德性，被称作节制；凡是造就心灵坚强，不受相关感受动摇的德性，被称作勇敢……第二，可以根据这些德性各自的质料来理解。这里称之为主要的，是针对各自质料而言。例如，被称作明智的，关乎命令；正义，关乎平等者之间的义务；节制，关乎克制触觉快乐的欲望；勇敢，关乎直面死亡危险的鉴定。
《神学大全》(IaIIae, q.113, a.1) 论"罪人成义"：既然正义本身即含有正当秩序的意义，因而能从两方面去看。一是指人的行为本身所含有的正当秩序。按这一意义，正义是一种德性：要么是具体正义，它根据人对另一个体的关系，规范人的行为；要么是法律正义，它根据共同利益规范人的行为。正义的另一意义，是指人之内在配备的一种正当秩序，即人的高级能力服从上帝，而灵魂的低级能力服从高级能力，即理性。亚里士多德在《伦理学》中称之为"隐喻式"正义。人的这种正义有两种形成方式。一种是以单纯的方式产生，是从无到有。一个不是在罪恶中的人，也能有这一方式的成义，即在他从上帝得到正义的时候。另一种如上所述［IaIIae, q.60, a.2; q.61, a.3; q.113, a.1］，由于矫正人性的行为（actus humanos）属于正义，[1] 所以，正义所要求的这平等必然属于有能力（potentium）区分不同行为的人。然而，行为属于行动的个体和团体；准确地说，它不属于部分、形式或能力，因为说手在击打不准确，而要说人用手击打；说热力使东西变热也不准确，而要说火用热力使东西变热；不过，这些说法是根据比喻来说的。[2] 所以，准确地说，正义要求区分行动的个体；只会是一个人针对另一个人。但是，根据比喻，可以认识在同一个人体内的不同行动原则，仿佛有不同的行动主体：诸如理性（ratio）、意气（irascibili），以及欲望（concupiscibili）。[3]

方式是按由一点到相反一点的运动。这时所谓的成义，含有从不义状态到上述正义状态的变化。这里讲的罪人成义便是如此。

[1] 阿奎那严格区分了人的行为（actus hominis）和人性的行为（actus humanus）。参见《神学大全》（IaIIae, q.1, a.1）论"行为的目的"：然而，人通过理性和意志主宰自己的行为，因此，自由意志被称作意志和理性的才干。所以，那些被称作专属于人性的行为，是出于意志考虑过的行为。然而，如果人还有其他行为，可以称作人的（hominis）行为，但严格来讲，不可称作人性的（humanae），因为那不是人之为人的行为。然而，显然所有行为都来自某种能力，它们根据其对象之理，从这能力而产生。然而，意志的对象是目的和善。因此，所有人性的行动都是为了目的。

[2] 《神学大全》（Ia, q.77, a.1）论"灵魂的潜能"：不可能说灵魂的本质就是其潜能……在灵魂的定义里，说它是"具有生命之潜能（potentia）的身体之实现（actus）"，而这潜能"不排斥灵魂"。所以，灵魂的本质不是其潜能。因为就其作为实现而言，没有什么东西根据实现而在潜能之中。

[3] 理性（λογιστικόν）、意气（θυμικόν）、欲望（ἐπιθυμητικόν）。对勘：《神学大全》，Ia, q.81, a.1—3。

因此，就隐喻而言，在同一个人体内，根据理性命令意气和欲望，以及根据它们服从理性，这被称作正义。一般而言，根据人的各部分各得其所。因此，哲学家［亚里士多德］称这正义为"根据比喻的说法"。①

疏 1：所以针对第一条驳论，我要这样说，信仰在我

《神学大全》(Ia q.81, a.1)论"感官"：然而，感官的运动是产生感官知觉的欲求。因为属于知觉能力的(apprehensivae virtutis)行为，严格来讲不被称作一种运动，比如欲求的活动，因为知觉能力的活动这样完成，被知觉的事物是在知觉者之内；而欲求能力的活动这样完成，欲求者倾向于所欲求的事物。因此，知觉能力的活动仿佛是静止的，而欲求能力的活动仿佛是运动的。因此，欲求能力的活动通过感官运动被认识。这样，感官是感性欲求的名称。

《神学大全》(Ia q.81, a.2)论"感官的分类"：感官欲求在属类上(in genere)是一种力量(vis)，即所谓感官；但又分成两种能力，它们是感官欲求的两个种类，即意气和欲望……然而，这两种倾向不可还原为一个原则，因为灵魂有时使自己难过，违反了欲望的倾向，为的是根据意气的倾向与相反者斗争。因此，意气的感受似乎与欲望的感受相冲突，因为炽烈的欲望降低怒火，炽烈的怒火也降低欲望。

《神学大全》(Ia q.81, a.3)论"意气与欲望是否服从理性"：让意气和欲望服从更高的部分——即理智或理性，以及意志——有两种方式：一种关于理性，另一种关于意志。它们在自身的行为上服从理性。因为其他动物的感官欲求生来就受推测能力(aestimativa virtute)推动；就像羊推断狼是天敌，就感到害怕。然而，推测能力在人之内的地位被认知力量(vis cogitativa)取代了；它被有些人称作个别理性(ratio particularis)，因为它集合了个人的意图……感官欲求在执行方面也服从意志，因为执行靠推动力产生作用。在其他动物那里，欲望的和意气的欲求立刻产生行动，就像羊害怕狼，立刻逃跑，因为在它们身上，没有一个更高的欲求与之对抗。但是，人不根据意气的和欲望的欲求立刻行动；而是期待着意志的命令，后者是更高的欲求。

① "但是，在比喻和类比的意义上，这里也存在某种公正，不是在一个人同他自己的关系中，而是在他自身的不同部分之间。"（亚里士多德：《尼各马可伦理学》，第五卷，11, 1138b5）

们心中造就正义,正义通过信仰矫正不敬神的人;正义使人的灵魂诸部分处于自身本来的秩序中,正如之前处理矫正不敬神的人时所说[q.113, a.1]。然而,这里是用比喻谈论正义,就算在独自生活的人身上也可以发现这种正义。

疏2:这足以回答第二条驳论了。

疏3:针对第三条驳论,我要这样说,上帝的正义是永恒的,根据的是永恒的意志和计划,正义主要由这一点构成,不管怎样,正义的结果不是永恒的,因为没有东西与上帝同样永恒。

疏4:针对第四条驳论,我要这样说,其他道德德性矫正种种感受,这足以矫正一个人针对自己的那些行为。但是,针对他人的行为则需要一种特殊的矫正,它不但与行动者有关,而且还与行动指向的对象相关。因此,有一种特殊的德性处理这些行为,这就是正义。

第3节　正义是否是一种德性

第 3 节这样进行:①

---

① 本节可对勘:《〈尼各马可伦理学〉评注》,V, lect.2—3;《〈箴言四书〉评注》, II Sent. 27, 3, ad.3。

驳 1：正义似乎不是一种德性。因为《路加福音》说："这样，你们作完了一切所吩咐的，只当说，我们是无用的仆人，所作的本是我们应分作的。"① 但是，德行（opus virtutis）并非无用；因为安波罗修（Ambrose）说："我们不是通过赚钱，而是通过变得虔敬来评价利益。"② 因此，做应做之事不是德行。不过，它是正义的行为。因此正义不是德性。

驳 2：再者，出于必然所做的事不算功劳。但是，把别人的东西还给他，属于正义，是出于必然。因此它没有功劳。然而，德行使我们获得功劳，因此正义不是一种德性。

驳 3：再者，所有道德德性都与举止（agibilia）有关。③ 然而，根据哲学家［亚里士多德］所述，不是举止，而是造

---

① 《路加福音》17：10。福音（εὐαγγέλιον）本意为"好消息"，《路加福音》跟《马太福音》《马可福音》统称为"对观福音"（synoptic gospels），因为它们在内容上多有雷同，基本都记载了耶稣的出生、传道、受难与复活。尽管如此，据说最晚出的《路加福音》还是显示出其与众不同的特征：第一，《路加福音》在四福音书中文笔最优美，序言明显效仿了古希腊纪事作家的笔法；第二，《路加福音》侧重的并非耶稣的犹太出身，而是作为人的耶稣；第三，《路加福音》称耶稣为"夫子"（master），而非犹太人惯用的"拉比"（Rabbi），反映出此书主要面向犹太人以外的读者，试图用具有共识的言辞来传播福音。

② 安波罗修：《论义务》，II.6。

③ agibilia 表示"可行的""可实践的"，与下文的 factibilia（可制作的）对照，它们在亚里士多德的伦理学体系中分别对应了明智和技艺。

作(factibilia)构成那些外在的东西。① 因此,既然根据正义本身做的事情属于外在的正义,那么正义似乎不是一种道德德性。

正:与之相反,格里高利(Gregory)说:"善行的全部结构由四枢德建立。"② 即节制、明智、勇敢和正义。

经:我这样回答,人的德性"使人的行为变好,也使

---

① "于是,凡其动作产生另一些事物为结果的,实现就归于那产物,例如建筑工作,其实现归于建筑物,纺织工作归于纺织品,它例相似,动变一般地归结于所动变的事物;至于没有产物的动作,实现只当归之于主动者;例如视觉活动之实现归于视者,神学思索之实现归于神学者,生活之实现归于灵魂(人生幸福之实现,也当归之于灵魂;因为幸福也是某一类型的生活)。"[亚里士多德:《形而上学》,卷(Θ)九,章八,1050ᵃ30]阿奎那《〈形而上学〉评注》(*Sententia Libri Metaphysicae*, lect. 8):当有的产品从潜能的行动产生出来的时候,那个行动使得产品成为完美的,而非使行动者成为完美的。因为它存在于产品之内,而非存在于行动者之内。但是,当除了潜能的行动外,不产生别的东西的时候,则实现存在于行为者之内,作为它的完美性,而不过渡到外在的东西以便使它成为完美的……因此,幸福也是存在于行为者的那种行动,而不是过渡到外在之物的那种行动。因为幸福是幸福的人的善,也即是他的完美生命。因此,正如生命存在于生活者之内,同样,幸福存在于幸福的人之内。

② 格里高利一世(Gregory I):《大道德论》(*Magna Moralia*), II.49。格里高利一世(540—604年)在担任教宗期间,实际行使了世俗君主的职责,指挥了与伦巴第人的战争。此举使罗马主教成为意大利的罗马以及中部诸省的世俗统治者,使教会获得了世俗君主国的特征,为日后教宗制权威的树立打下了基础。《大道德论》又名《〈约伯记〉讲解》,是对《约伯记》寓意的解释,后成为教会伦理教科书。

人变好";① 这符合正义。因为,人的行为之所以变好,是因为人们根据理性的规则矫正人的行为。所以,既然正义矫正人的活动,那它显然使人的活动变好;正如西塞罗说:"正义是好人被称之为好人的主要原因。"因此,他还说:"在正义中,德性的光辉最为耀眼。"②

疏1:所以针对第一条驳论,我要这样说,当有人做应做之事时,他不为应做之事的对象赚取利益,只是避免对他造成伤害而已。不过,他自己获得了利益,只要他凭借自觉而爽快的意志去做那应做之事,这便是有德性地做

---

① "……每种德性都既使得它是德性的那事物的状态好,又使得那事物的活动完成得好。"(亚里士多德:《尼各马可伦理学》,第二卷,6,1106a15)对勘:《神学大全》,IaIIae q.55, a.2—4。

《神学大全》(IaIIae q.55, a.2)论"德性是否是行动的习性":然而,在人的构成中,身体犹如质料,灵魂则似形式。在身体方面,人与其他动物相同;对于灵魂和身体来说,也存在共同的力量;然而,只有那些专属于灵魂的力量,即理性的力量,才只属于人。因此,我们讨论的人性的德性不可能属于身体;而只属于灵魂。因此,人性的德性不表示存在的秩序,更表示行动的秩序。因此,人性的德性是行动的习性。

《神学大全》(IaIIae q.55, a.3)论"德性是否为善的习性":正由于此,无论对谁而言,德性必然指向善。因此,人性的德性,既是行动的习性,也是善的习性,以及善的行动的习性。

《神学大全》(IaIIae q.55, a.4)论"德性的定义":德性是心灵的善良品质,人凭此正确生活,没人用之于恶,因为上帝既在我们之内又不在我们之内行动……这个定义完全包含了整个德性之理。因为对任何东西而言,完整之理都集合了它的一切原因。然而,上述定义包含了德性的全部原因。

② 西塞罗:《论义务》,I.7。

事。所以《智慧篇》说:"神的智慧教导节制与正义、明智与英勇(virtutem),对于有德性的人来说,生命中没有比之更有益的东西了。"①

疏2:针对第二条驳论,我要这样说,必然性有两种:第一种[必然]来自强迫,由于与意志不相容,这种必然抹消了功劳;第二种[必然]来自训令的义务,或来自目的的必然,亦即一个人不可能实现德性的目的,除非他这样做;而这样的必然不取消功劳。只要一个人自愿做这必然的事情。不过,第二种必然却排除了照应(supererogationis)的荣耀,②根据《哥林多前书》:"如果我传福音,荣耀不归我,因为这必然是加诸于我的。"③

疏3:针对第三条驳论,我要这样说,正义与外在诸事物有关,不过不在于制作这些事物,这属于技艺的范畴,

---

① 《智慧篇》8:7。本书是伪托所罗门王所作的经书,真正作者不得而知。据现代圣经学者考证,本书写于公元前150—120年之间。作者虽然用希腊语写作,而且也采用了不少哲学术语,但骨子里却是典型的犹太宗教思想。由于和合本不以《智慧篇》为正经,故《智慧篇》经文引自思高本。

② 《路加福音》10:35:"……你且照应他,此外所费用的,我回来必还你。"自13世纪以来,supererogatio便成为一个专门的术语,用来表示超越义务的善行。

③ 《哥林多前书》9:16。此书是使徒保罗写给哥林多教会的书信。格林多是希腊名城,地处半岛的窄狭地带,有东西两港,遂成为商业及东西文化交流的重镇。商业的繁荣带来道德的衰败,以至于"哥林多"成为生活放纵的代名词。保罗于公元51年在哥林多建立教会。后来虽然离开,但一直与教会保持书信来往。

而在于运用这些事物与别人打交道。

第 4 节　正义是否以意志为主体

第 4 节这样进行：①

驳 1：正义似乎不以意志为主体，② 因为正义有时被称作真理。但是，真理不来自意志，而来自理智（intellectus）。因此，正义不以意志为主体。

驳 2：再者，正义与针对他人的那些事情相关。但是，指导人针对他人的行为来自理性（rationis）。因此，正义不以意志为主体，而更像以理性为主体。

驳 3：再者，正义不是一种理智德性，因为它不指向认知（cognitionem）；故而它只可能是道德德性。但是，道

---

① 本节可对勘：《神学大全》，Ia, q.21, a.2, ad.1; IaIIae, q.56, a.6。《论恶》(De Malo)，IV, 5, ad.4。《〈尼各马可伦理学〉评注》，Ethic, V, lect. 1。《〈箴言四书〉评注》，III. Sent. 33, 2, 4, iii。

《神学大全》(Ia q.21, a.2, ad.1)：作为法律规范而言，正义在于理性或理智，但作为命令而言，根据法律规管活动，则在于意志。

《神学大全》(IaIIae, q.56, a.6)论"意志是否以德性为主体"：意志的对象是适合意志的理性之善，意志不需要德性的完成。但是，如果被意愿着的善对人来说超过了意愿的分寸，不管是针对整个人类的，比如神圣之善，它超越了人性的自然界限，还是针对个人的，比如邻人的善，意志在那里都需要德性。因此，无论指向上帝抑或邻人的任何德性都以意志为主体，就像仁爱、正义等等。

② "Videtur quod justitia non sit in voluntate sicut in subiecto" 直译为"正义似乎不像在主体之中那样在意志之中"。

德德性的主体通过"分有"才是理性的,即意气和欲望,正如哲学家[亚里士多德]所述。① 因此,正义不以意志为主体,而更像以意气和欲望为主体。

正: 与之相反,安瑟伦说:"正义是意志的正确,因为它服从自身。"②

经: 我这样回答,那种能力是德性的主体,德性向拥有那能力的人指示矫正的行为。然而,正义不向接受指导的人指示认知行为,因为我们不会由于我们正确地认知事物就被说成是公正的。所以,正义的主体不是理智或理性那样的认知能力。但是,我们因为正确地行事才被说成是公正的,不过,因为行为最切近的原则是欲求的力量(vis),正义必然以某种欲望的力量为主体。

不过,欲求分为两种,即理性中的意志和由感性认知(apprehensionem)产生的感性欲求,后者又分为意气的和欲望的,如前所述[Ia, q.81, a.2]。③ 然而,使人各得其所

---

① "……欲望的部分则在某种意义上,即在听从(实际上是在考虑父亲和朋友的意见的意义上,而不是在服从数学定理的意义上听从)逻各斯的意义上分有逻各斯。"(亚里士多德:《尼各马可伦理学》,第一卷,13,1102b30)
② 安瑟伦:《论真理》,XII.
③ 参见第33—34页脚注③关于《神学大全》论"感官的分类"。

不可能从感性欲求中实现，因为感官感受尚未使自身达到这一地步，能够考虑一个人与另一个人相称；但是，这专属于理性。① 因此，正义不以意气或欲望为主体，而只可能以意志为主体。所以哲学家［亚里士多德］用意志的行为来界定正义，如上所述(a.1)。②

疏1：所以针对第一条驳论，我要这样说，既然意志是理性的欲求，而理性的正确被称作真理，由于它近似理性，又印在意志上，那么理性的正确便保留着真理之名，所以正义有时也有真理之名。

疏2：针对第二条驳论，我要这样说，意志获得理性认知以后，便带有其自身的对象；因此，由于理性指向他人，所以意志能够想要与他人有关的事物，这属于正义。

疏3：针对第三条驳论，我要这样说，理性的东西通过分有不仅是意气的和欲望的，而且一切欲求，如《伦理学》所述："一切欲求都服从理性。"然而，意志包含欲求，故而意志可以是道德德性的主体。③

---

① 《神学大全》(Ia, q.78, a.4)论"内部感官"：在其他动物身上称为推测(aestimativa)，在人身上则称为认知(cogitativa)，它是用一种比较、思考而达到这些意象。故此，也称为"特殊理性"(ratio particularis)。

② 参见亚里士多德：《尼各马可伦理学》，第五卷，1, 1129a10。

③ "……欲望的部分则在某种意义上，即在听从(实际上是在考虑父亲和

第 5 节　正义是否是一种普遍德性

第 5 节这样进行：[①]

朋友的意见的意义上，而不是在服从数学定理的意义上听从）逻各斯的意义上分有逻各斯。这个无逻各斯的部分在一定程度上可以受到逻各斯的部分的影响，这一点表现在我们的劝诫、指责、制止的实践中。"（亚里士多德：《尼各马可伦理学》，第一卷，13，1102b30）

① 本节可对勘：《〈尼各马可伦理学〉评注》，V，lect. 2，3。《神学大全》，IaIIae, q.60, a.3; IIaIIae, q.59, a.1。

普遍德性，"普遍的"在这一节、下一节以及第 7 节中被解释为"个别的"对立面，而非"一般的"作为"特殊的"对立面。这里也不表示一切德性的普遍条件：根据廊下派传统，一切德性皆正义，就像明智、勇敢以及节制；对勘：《神学大全》，IaIIae, q.61, a.4。这些讨论可见于德性构成部分的条目下；对勘：《神学大全》，IIaIIae, q.48, a.1; q.79, a.1; q.128, a.1; q.141, a.2; q.143, a.1。这一术语类可以作一种普遍的起因，而正义可以是一种普遍的德性，只要它能够指引其他道德德性服务于共同之善。注意，普遍德性虽然有这层含义，但它保留了特殊德性的性质，因为服务于共同之善被看作一种特殊的作用。

《神学大全》(IaIIae, q.60, a.3)论"道德德性的区别"：一切与行动有关的道德德性皆符合正义的一般理由，皆被看作对他人的义务，然而，它们又根据种种个别的理由相互区别。

《神学大全》(IaIIae, q.61, a.4)论"四枢德的区别"：其他人根据个别的质料来把握这四种德性，这样把握更好。那些质料中的每一种都不同于另一种，那普遍条件尤其受称赞，德性由此命名，如上所说。根据这种看法，上述德性显然是不同的习性，因为各自的对象不同。

《神学大全》(IIaIIae, q.48, a.1)论"明智的部分"：部分有三种：第一，构成的部分，例如墙壁、屋顶、地基都是房屋的部分；第二，从属的部分，比如牛和狮子都是动物的部分；第三，功能的部分，比如营养、感觉都是灵魂的部分。所以，把部分归于某种德性，可以有三种方式。

《神学大全》(IIaIIae, q.79, a.1)论"行善避恶"：然而，行善避恶之所以被称作近似普遍的或个别的正义的构成部分，是因为任何一种正义都需要完整的正义行为。因为在这些涉及他人的事情上确立平等，属于正义，如上所述。然而，确驳1：正义似乎不是一种普遍德性（virtus generalis）。因为正义与其他德性有区别，如《智慧篇》所述，"智慧教人节制、明智，以及正义，还有勇敢"。[①] 但是，普遍的东西不被区别对待或被包含在那普遍的东西之下所列举的种类。因此，正义不是一种普遍的德性。

驳2：再者，正义被当作一种枢德（virtus cardinalis），

立一种东西和保持所确立的东西是一回事。一个人由于行善，物归原主，便确立了正义的平等。由于避恶，不伤害近邻，便保持了已经确立的正义的平等。

《神学大全》（IIaIIae, q.128, a.1）论"勇敢的部分"：勇敢的行为有两种，攻击和忍受。然而，攻击的行为需要两个条件。其中第一点属于心灵的准备，比如有人心思敏捷，以便进攻……第二点则属于工作的执行，即一个人有信心地开展他的那些事业后，不半途而废……所以这两点，如果作用于勇敢的专属质料，即死亡的危险，将是勇敢的构成部分，没有它们，就不可能有勇敢……然而，勇敢的另一项行为，即忍受，也需要两个条件。其中第一个是，心灵在面临诸恶的困难时不因悲伤而屈服，并放弃自己的大事……第二，不因长期受苦而灰心丧气，甚至半途而废……这两点，如果也作用于勇敢的专属质料，将也是勇敢的构成部分。

《神学大全》（IIaIIae, q.141, a.2）论"节制"：如果节制确实被这样考虑，顾名思义，约束欲求，远离那些最诱惑人的东西，那么它就是一种特殊的德性，因为它有一个特殊的质料，就像勇敢。

《神学大全》（IIaIIae, q.143, a.1）论"节制的部分"：根据构成部分，节制有两部分：第一，羞耻（verecundia），有人通过它逃避与节制相反的丑恶；第二，高尚（honestas），有人通过它热爱节制的美好……根据从属部分，节制与触觉的快乐有关，分成两个属类。因为有些快乐指向食物，与这相关的是斋戒（abstinentia）；还有些快乐指向饮酒，对应的节制是清醒（sobrietas）。有些快乐则指向生育的力量。指向性交本身的主要快乐对应的是贞洁（castitas）；而附属于性交的快乐，比如接吻、抚摸、拥抱，则是害羞（pudicitia）。根据功能部分……任何一种德性，只要在某一种质料上进行节制活动，或者约束倾向于某物的欲求，便可以当做节制的部分，就像它的附属德性。

① 《智慧篇》8：7。

节制和勇敢也是[枢德]。但是，节制或勇敢都不被当作普遍德性。因此，正义也不应以任何方式被当作一种普遍德性。

驳 3：再者，正义总是针对他人，如上所述[a.2]。但是，对邻人的犯罪不可能是一种普遍的罪，区别于一个人针对自己的犯罪。因此，正义也不是一种普遍德性。

正：与之相反，哲学家[亚里士多德]说："正义是德性的总体。"①

经：我这样回答，如上所述[a.2]，正义指导人与他人的关系。这可以分两种情况：第一种情况考虑个别的他人，第二种情况考虑泛指的他人，即只要为共同体中的某人服务，就相当于为包含在那共同体内的所有人服务。所以，就其专门之理而言，正义本身就可以表示这两种情况。然而，被包括在团体中的所有人与那一团体的关系明显就像部分与整体的关系；不过，部分是属于整体的部分，所以凡是部分之善都指向整体之善。因此，根据这一点，任何德性的善，不管指向某人与他自己的关系，还

---

① 参见亚里士多德：《尼各马可伦理学》，第五卷，1，1130a10。

是他与其他个别的人们的关系,都涉及共同之善(bonum commune),正义也指向共同之善。根据这一点,所有德性的行为都可以与正义有关,只要这行为把人指向共同之善。就此而言,正义被称作普遍德性。既然指向共同之善合乎法律,如上所述[IaIIae, q.90, a.2],上述方式的这种正义被称作法律正义(justitia legalis),①因为法律将

---

① 法律正义需要与守法的正义区分开,后者指严守法律条文。对勘:《神学大全》,IaIIae, q.96, a.6; IIaIIae, q.60, a.5。法律正义在运用时则着眼于平等,参见:《神学大全》,IIaIIae, q.120, a.2。关于唯法主义(legalism)的种种局限,参见:《神学大全》,IaIIae, q.96, a.1—3; q.100, a.9, a.10。

《神学大全》(IaIIae, q.96, a.6)论"守法":对某项法律的遵守在大多数情况下有益于人们的共同幸福,而在另一些情况下却非常有害。这是由于立法者无法考虑到每一具体情形,他以共同善为指导而根据最经常发生的事例来塑造法律。由此,如果遵守法律会产生有损共同幸福的情形,那么就不应当遵守它。例如,假定针对被围困的城池,已经订立的法律要求紧闭城门,这是为着共同福利的一般规则;但如果敌人追赶一群城邦的公民,而他们是城池的守护者,这时如果不打开城门就会带来灾难;在这种情况下就应当打开城门,这虽然违背法律的文字,但却是为了共同的福利,这恰恰是立法者所追求的。

《神学大全》(IIaIIae, q.120, a.2)论"正义的部分":公道是正义的从属部分。而且公道先于法律被称作正义,因为法律正义受公道指导。因此,公道仿佛是更高级的人类行为规则。

《神学大全》(IaIIae, q.96, a.1)论"人法的制定":法律的目的是共同善,因为正如伊西多尔所言,法律应当为实现所有公民的共同善而不是某种私益而制定。因此,人法应当与这种共同善相称。而共同善又包括许多内容,所以法律必须考虑许多事情,涉及人、事,还有时间。因为城邦共同体由许多人组成,它的善由许多行为引起;也正如奥古斯丁所言,它的建立不是为一时之故,而是经由前后相继的公民一直存存。

《神学大全》(IaIIae, q.100, a.9)论"遵守德性的心态":德性的心态在某些方面既关系到人法也关系到神法,在某些方面它只关系到神法,却不关系人法;而在另外方面,它既不关系人法也不关系神法。就如哲学家亚里士多德所说,德

所有德性的行为指向共同之善，而人凭着这正义与法律相协调。

疏1：所以针对第一条驳论，我要这样说，正义与其他德性有区别，它不是普遍德性，而是特殊德性，我们随后讨论[a.7]。

疏2：针对第二条驳论，我要这样说，节制和勇敢以感官欲求——意气和欲望——为主体。然而，这些[德性]欲求的是特殊的善，就像感觉是对特殊事物的认识。但是，正义以理智欲求为主体，这欲求可以是普遍的善，而这欲求的理智是可知觉的。因此，正义相对于节制和勇敢而言，可以是一种普遍德性。

性的心态由三点构成。第一，人应当"有认识地"（sciens）行动，这既从属于神法的判断，也从属于人法的判断。第二，人应当"故意地"（volens）行为，即出于选择地行动，选择具体的行动。这里包含着双重的内在活动，即意愿和意图……对于这二者只有神法，而不是人法，才能作出判断。第三，人应当"以坚定不移的原则"（firme et immobiliter habeat et operetur）行动，这种坚定就是习惯所特有的，并且表明这个行动来自根深蒂固的习惯。就此而论，德性的心态既不属于神法的训令，也不属于人法的训令。

《神学大全》（IaIIae, q.100, a.10）论"爱的心态"：可以从两个方面思考爱的行为。首先，作为行为本身，它是处于对它做出特别规定的法律的训令之下的……在这个意义上说，第一种意见是正确的。人并非不能遵守这条与爱的行为有关的训令，因为人可以使自己处于获得爱的状态，一旦拥有它就可以使用它。其次，爱的行为可以视为其他德性行为的形态。即，其他德性行为指向爱……在这个意义上说，第二种意见在下列说法上是正确的，爱的心态并不归于训令。

疏 3：针对第三条驳论，我要这样说，针对自己的事物也可以指向他人，尤其与共同之善有关。因此，法律正义指向共同之善，它可以称作普遍德性；同理，不义也可以称作普遍的罪；因此，《约翰一书》说："凡犯罪的（peccatum），就是不公平（iniquitas）。"①

第 6 节　作为普遍德性的正义在本质上是否与所有德性相同

第 6 节这样进行：②

驳 1：正义作为普遍德性，似乎在本质上与所有德性相同。因为哲学家［亚里士多德］说："对于所有德性，德性和法律正义相同，只不过它们的存在方式不同。"③但是，那些只在存在或原因方面的不同不是本质的不同。因此，正义在本质上与所有德性相同。

驳 2：再者，凡是在本质上不同于所有德性的德性，便是德性的一部分。但是，根据哲学家［亚里士多德

---

① 《约翰一书》3：4。《约翰一书》历来被认为乃使徒约翰所著，其笔调也与《约翰福音》多有相同。

② 本节可对勘：《神学大全》，IaIIae, q.60, a.3, a.7；《〈尼各马可伦理学〉评注》, V, lect. 2；《论真理》, XXVIII, 1；《〈箴言四书〉评注》, III Sent. 9, 1, 1, ii。

③ 参见亚里士多德：《尼各马可伦理学》，第五卷，1，1130a10。

的说法，上述正义"不是德性的部分，而是德性的总体"[a.5]。因此，上述正义在本质上与所有德性相同。

驳3：再者，某种德性把自身的行为指向更高的目的，不改变作为本质的习性；比如节制的习性，就算它的行为指向神圣的善，它的习性在本质上也相同。但是，将所有德性的行为指向一个更高的目的，即多数人的共同之善，从而超越单个人的善，这与法律正义有关。因此，法律的正义似乎在本质上就是所有德性。

驳4：再者，一切部分之善都可以指向整体之善；所以，如果不指向整体之善，部分之善似乎就毫无用处。但是，那作为德性的部分之善不可能如此。因此，似乎不可能存在任何德性的行为与指向共同之善的普遍正义无关：而普遍的正义在本质上似乎与所有德性相同。

正：与之相反，哲学家[亚里士多德]在《伦理学》中说："许多人能够对自己运用其德性，但是对邻人的行为却没有德性。"[1] 他还在《政治学》中说："好人与好公民的德性不完全相同。"[2] 但是，好公民的德性是普遍正义（justitia generalis），它将人指向共同之善。因此，普遍的正义不

---

① 亚里士多德：《尼各马可伦理学》，第一卷，1，1130a。
② 亚里士多德：《政治学》，卷（Γ）三，章四，1277ᵃ20。

同于共同的德性,一个人可以只具有一种而不必具有另一种。

经:我这样回答,有两种普遍性。第一,通过"陈述",比如动物对人、马以及类似之物而言是普遍的(generale);在这种情况下,普遍的事物必须在本质上同这些与之普遍相关的事物相同,因为属类(genus)是种类(speciei)的本质,并且是其定义的一部分。第二,一个东西根据它的优点(virtutem)被说成普遍的;比如一个一般的(universalis)原因对于它产生的一切结果都是普遍的,例如,太阳之于所有被它照亮或被它的优点改变的物体;在这种情况下,普遍的事物在本质上不必然同这些与之普遍相关的事物相同;因为原因和结果在本质上并不相同。

然而,在这种情况下,根据上述说法[a.5],法律正义据说是一种普遍德性,即它把其他诸德性的行为指引向它自己的目的,它通过命令(imperium)推动所有其他德性。[①] 因为,就像仁爱(caritas)可以被称作一种普遍德

---

① 关于命令(imperium),参见《神学大全》(IaIIae, q.17, a.1);命令(imperare)是理性的行为,但假定先有意志的行为。要明白这点,该知道意志与理性之行动能彼此重叠,即是说理性思考意愿,而意志意愿思考。有时理性行动在意志行动之前,有时相反。又因前者的行为留在后一行为中,遂有时本是一个意志行为,其中却含有理性行为的影响,如在讲运用及选择时说过的;反之,有时本是理性行为,其中又含有意志行为的影响。

性,[①] 只要它将所有德性的行为指向神圣之善。法律正义也是如此,只要它将所有德性的行为指引向共同之善。所以,就像仁爱将神圣之善看作它的专属对象,就其本质而言,它是一种特殊德性(specialis virtus);法律正义就其本质而言也是一种特殊德性,它把共同之善看作它的专属对象。法律正义主要在君主,近似建筑师那里才是如此;在臣民那里,法律正义是次要的和近似事务性的(administrative)。

不过,根据本质,每一种德性都是上述的特殊德性;根据优点,它又是普遍德性,指向共同之善,因此每一种德性都可以被称为法律正义。这样来说,法律正义在本质上跟所有德性相同,只在原因上有区别。哲学家[亚里士多德]这样说。

疏1和疏2:以上足以回复第一条和第二条驳论了。

[①] 关于仁爱(caritas),参见:《神学大全》,IaIIae, q.23, a.4, a.8。
《神学大全》(IIaIIae, q.23, a.4)论"仁爱是否是一种特殊的德性":神圣之善,作为幸福的对象,具有善的特殊原因。因此,仁爱作为对这种善的爱(amor),是一种特殊的爱。因此仁爱是一种特殊的德性。
《神学大全》(IIaIIae, q.23, a.8)论"仁爱是否是德性的形式":仁爱显然把其他德性的所有行为指向最后的目的。根据这一点,它把形式赋予其他德性的所有行为。由于这样,仁爱被称为诸德性的形式,因为这些德性被称作指向行为的形式。

疏 3：针对第三条驳论，我要这样说，根据这种情况的那一原因趋向法律正义，因为被法律正义命令的德性也被称作法律正义。

疏 4：针对第四条驳论，我要这样说，每一种德性根据其专属原因将其行为指向那一德性的专属目的。不过，它要么总是指向一个更高的目的，要么有时如此，但这不是从其专属原因中得出的，而必须是某种更优越的德性，凭借它指向那一目的。单一的更优越的德性必然如此，它将所有德性指引向共同之善，这德性就是法律正义，而且在本质上有别于其他所有德性。

第 7 节　在普遍正义之外是否还有一种具体正义

第 7 节这样进行：①

驳 1：在普遍正义之外，似乎没有一种具体正义（justitia particularis）。因为在诸德性中，没有多余的东西，正如在自然之中没有［多余的东西］。但是，普遍正义在关于他人的一切事务上足够指导人，因此没有必要有一种具体正义。

---

① 本节可对勘：《神学大全》，IaIIae, q.60, a.3；《〈尼各马可伦理学〉评注》，V, lect. 1—3。

驳 2：再者，一和多不改变德性的种类。但是，法律正义在关于多数人的事务方面把人指向他人，如上所述［a.5—6］。因此，没有另一个正义的种类，在关于个人的这些事务上把人指向他人。

驳 3：再者，在单一个人的单数和城邦的多数之间，还有家庭的（domestica）多数。所以，如果在普遍正义之外，还有一种与单一个人相关的具体正义，同理，也应当有一种齐家的（oeconomica）正义，将人指向单一家庭的共同之善。这样的事情没听说过。因此，在法律正义之外没有一种具体正义。

正：与之相反，金口约翰（Saint John Chrysostomus）在疏解《马太福音》第 5 章第 6 节 "那些渴望、渴求正义的人们是有福的" 时说："然而，［上帝］说，不管是普遍的抑或具体的正义，都与贪婪（avaritiae）相对立。"①

经：我这样回答，如上所说［a.6］，法律正义在本质上不同于各种德性，它将人直接指向共同之善，但除此之外，

---

① 金口约翰：《〈马太福音〉讲章》（*Homilies in Mathew*）。金口约翰（约 347—407 年），希腊教父，君士坦丁堡牧首，东正教神学传统的代表人物。金口约翰尽管写作过许多讲章和《圣经》经文的注释，但他不是一位具有原创性的神学家。不过，他精通修辞，从而赢得 "金口" 之名。

还需要其他德性将人直接指向关于个别之善的事务；这些德性要么针对他自己，要么针对其他单独的个人。所以，就像在法律正义之外，还需要其他的个别德性将人指向他自己，诸如节制和勇敢；同样地，除了法律正义之外，也需要某种具体正义，它将人指向那些针对其他单一个人的事情。①

疏1：所以针对第一条驳论，我要这样说，法律正义足够将人指向那些针对他人的事物。它直接指向共同之善，却间接指向单一个人之善。所以，需要某种具体正义将人直接指向其他单独个人的善。

疏2：针对第二条驳论，我要这样说，城邦的共同之善和单一个人的善不仅是多与少的区别，而且在形式上有区别。因为共同之善与单独之善的原因不同，就像整体与部分的原因不同。所以，哲学家[亚里士多德]说："有些人认为，城邦和家庭只有多寡之别，而非种类的差别，这样说不对。"②

疏3：针对第三条驳论，我要这样说，根据哲学家[亚里士多德]的《政治学》，家庭的多数区分了三种关系，即夫

---

① 第一次划分了普遍正义与具体正义。具体正义将被划分为交换性正义与分配性正义，参见:《神学大全》，IIaIIae, q.61, a.1.
② 参见亚里士多德:《政治学》，卷（A）一，章一，1252ª10.

妻、父子和主奴,在这些关系中,任何一位仿佛都属于对方。①所以,对于这样的人,没有纯粹的正义,只有某一种类的正义,即齐家的[正义],就像《伦理学》所说。②

第 8 节　具体正义是否具有特殊的质料

第 8 节这样进行:③

驳 1:个别的正义似乎没有特殊的质料,关于《创世记》[2:14]"第四条河是幼发拉底河",有注解说:"幼发拉底意为富饶;之所以未说明它流经哪些地方,是因为正义与灵魂的所有部分都有关。"④然而,假如正义有一种特殊的质料,就不会如此,因为每一种特殊的质料都与某一种特殊的能力有关。因此,具体正义没有特殊的质料。

驳 2:再者,奥古斯丁说:"有四种灵魂的德性,在此生过属灵的生活要靠这些德性,亦即节制、明智、勇敢和

---

① 参见亚里士多德:《政治学》,卷(A)一,章一,1253^{b}5。
② "因为,对于属于自己的东西不存在严格意义上的不公正。一个人的一份动产,以及他的尚未成年而独立的孩子就好比是他自己的身体的一部分,没有人会愿意伤害他自己,一个人对于他自己也不可能不公正。"(亚里士多德:《尼各马可伦理学》,第五卷,6,1134b10)也可对勘:《神学大全》,IaIIae, q.57, a.4。
③ 本节可对勘:《神学大全》IaIIae, q.60, a.2。《〈尼各马可伦理学〉评注》,V, lect. 3。《〈箴言四书〉评注》, III Sent. 33, 2, 2, iii; 3, 4, i。
④ 奥古斯丁:《创世纪释义——兼驳摩尼教派》(*De Genesi Conta Manichaeos*), II.10。

正义。"他又说:"第四种[德性]是正义,它遍布所有德性。"① 因此,具体正义是四枢德之一,它没有特殊的质料。

驳3:再者,正义在针对他人的事情方面充分地指导人。但是,在此生的所有事情上,人都可以被指向他人。因此,正义的质料是普遍的,而非特殊的。

正:与之相反,哲学家[亚里士多德]指出,具体正义专门针对那些与生活中的交换有关的事物。②

经:我这样回答,凡是可以被理性矫正的东西都是道德德性的质料,正如哲学家[亚里士多德]所述,道德德性由正确的理性(rationem rectam)界定。③ 然而,道理既可以矫正灵魂的内在感受(interiores passiones),也可以矫正外在行为(exteriores actiones),还可以矫正那些外在事

---

① 奥古斯丁:《杂题集》(*De octo quaestionibus ex Veteri Testamento*),QQ. lxxxiii, q. 61。

② "具体的公正及其相应的行为有两类。一类是表现于荣誉、钱物或其他可析分的共同财富的分配上(这些东西一个人可能分到同等的或不同等的一份)的公正。另一类则是在私人交易中起矫正作用的公正。"(亚里士多德:《尼各马可伦理学》,第五卷,2,1130b30)

③ "所以德性是一种选择的品质,存在于相对于我们的适度之中。这种适度是由逻各斯规定的……"(亚里士多德:《尼各马可伦理学》,第二卷,6,1107a)比较"我们的共同意见是,要按照正确的逻各斯去做……但是,实践的逻各斯只能是粗略的、不很精确的"。(亚里士多德:《尼各马可伦理学》,第二卷,2,1103b30)

物（res exteriores），使其符合人的运用。但是，人们彼此之间的交往可以凭借外在行为和外在事物，而且一个人与另一个人之间的关系（ordinatio）也凭此受到关注。不过，一个人自身的矫正（rectificatio）就要考虑内在感受。所以，既然正义被指引向他人，它就与道德德性的全部质料无关，而只与外在的行为和事物有关，正是根据这些行为和事物，一个人才与别人协调。

疏1：所以针对第一条驳论，我要这样说，正义确实在本质上属于灵魂的一部分，它在灵魂之中就像在主体之中，即属于意志，意志通过它的命令推动灵魂的所有其他部分；正义并非直接如此，而是根据某种扩散的方式（per redundantiam）属于灵魂的所有其他部分。

疏2：针对第二条驳论，我要这样说，如上所述［Ia-IIae, q.61, a.3—4］，枢德有两层含义：第一，作为特殊德性，枢德具有确定的质料；第二，表示德性的某些普遍样式。① 奥古斯丁曾谈论过第二层含义，他说："明智是关于应当寻求的和应当避免的种种事物的认识；节制是约束令人暂时快乐的欲念；勇敢是灵魂的坚强，以对抗暂时的艰

---

① 对勘：《神学大全》，IaIIae, q.58, a.5。

难,正义是通过仁爱的扩散去爱上帝与邻人,①即正义是对待他的整个秩序的共同根本。"

疏3:针对第三条驳论,我要这样说,内在感受是道德质料的一部分,就其本身而言,它不指引向他人,它与正义的特殊道理有关;而这些感受的结果针对他人,即外在的活动。所以,不能认为正义的质料是普遍的。

第9节 正义与感受有关吗

第9节这样进行:②

驳1:正义似乎与诸感受(passiones)相关。因为哲学家[亚里士多德]说:"道德德性与快感与痛苦相关。"③然而,快感(voluptas)、快乐(delectatio)以及痛苦都是一些感受,前面已经处理过了[IaIIae, q.23, a.4; q.31, a.1; q.35, a.1]。④因此,既然正义是一种道德德性,它也就与感受

---

① 奥古斯丁:《杂题集》,QQ. lxxxiii, q. 61。
② 本节可对勘:《〈尼各马可伦理学〉评注》,V, lect. 1, 3。《〈箴言四书〉评注》,III Sent. 33, 3, 4, i; IV, 15, 1, 1, ii, ad.2。
③ 亚里士多德:《尼各马可伦理学》,第二卷,3,1104b10。
④ "快乐可以假定为灵魂的一种运动——使灵魂迅速地、可以感觉到地恢复它的自然状态的运动。"(亚里士多德:《修辞学》,II.2,1370a)
《神学大全》(IaIIae, q.23, a.4)论"同一能力的不同种类的感受是否相互对立":与之相反,爱与喜悦种类不同,却同属欲望。不过,与其说它们相互对立,

相关。

驳 2：再者，人们通过正义矫正那些针对他人的活动。但是，除非感受被矫正，否则这些活动不可能被矫正；因为先有感受的失序，才有上述活动的失序：好色之徒的情欲导致通奸，过度贪财导致偷窃。因此，正义必然与感受有关。

驳 3：再者，正如具体正义针对别人，法律正义也是如此。但是，法律正义与感受有关，要不然它就不会扩展到所有德性，在这些德性中，某些显然与感受相关。因此正义与感受相关。

正：与之相反，哲学家［亚里士多德］说，正义与活动相关。①

经：我这样回答，这个问题的真相可以从两个方面显

毋宁说一个是另一个的原因。所以，同一能力的一些感受虽然种类不同，但不相互对立。

《神学大全》(IaIIae, q.31, a.1)论"快乐"：感官欲求的运动被专门称作感受，如上所说。从感官认识而来的任何感应都是感官欲求的运动。这必然与快乐相符。

《神学大全》(IaIIae, q.35, a.1)论"悲伤"：凡是感官欲求的运动皆称为感受，如上所说。尤其是那些带有缺陷的意味的。因此，在感官欲求中的悲伤本就称作灵魂的感受，就像身体的烦恼则被称作身体的感受。

① 参见亚里士多德：《尼各马可伦理学》，第五卷，1，1129a5。这意味着正义不与我们的感受相关。

示。第一，从正义的主体，即意志来讲，意志的运动或行为不是感受，如上所述[IaIIae, q.22, a.3; q.59, a.4]，[①] 只有感官欲求的运动才被称作感受。所以正义与感受无关，而像节制和勇敢，它们属于意气和欲望，与感受有关。第二，从质料的部分来看，因为正义与那些针对他人的事物有关；然而，我们并不通过内在的感受直接指向他人。因此，正义与感受无关。

疏1：所以，针对第一条驳论，我要这样说，并非每一种道德德性都关乎诸快乐和诸苦痛，仿佛是它的质料；因为勇气关乎诸恐惧和诸大胆。但是，全部道德德性都指向快乐和痛苦，就像指向随之而来的诸目的，正如哲学家[亚里士多德]所说："快乐和痛苦是主要的目的，我们说这是

[①] 《神学大全》(IaIIae, q.22, a.3)论"感受的主体"：严格来讲，身体有变化，才有感受。在感官欲求的行为中有这种变化；不仅是精神的变化，比如在感官认识方面，还有自然的变化。然而，在理智欲求的行为中，不需要身体的变化，因为这种欲求不是某个器官的才能。由此可知，严格来讲，感受主要可见于感官欲求的行为中，而非在理智欲求的行为中。

《神学大全》(IaIIae, q.59, a.4)论"道德性是否都与感受有关"：道德德性成就灵魂的欲求部分，使之指向理性之善。然而，理性之善由理性节制和安排。因此，所有由理性安排和节制的东西，才成其为道德德性。然而，理性不但安排感官欲求的感受；而且还安排理智欲求，即意志的活动，意志不是感受的主体，如上所述。因此，并非所有道德德性都与感受有关；而是有的与感受有关，有的与活动有关。

恶，那是善，都凭这目的衡量。"① 在这方面，快乐和痛苦与正义相关，因为"一个人若不喜欢公正的诸举动，他就不公正"②，如《伦理学》所说。

疏 2：针对第二条驳论，我要这样说，外在的活动（operationes）位于外在的事物和内在的感受之间，前者是活动的质料，后者是活动的原则。然而，有时候其中一项有缺陷，而另一项则没有；比如，有人偷窃另一个人的财物（rem），不是渴望占有那个东西，而是想要伤害那人；或与之相反，有人渴望另一个人的财物，却不愿偷窃它。根据受限于诸外物的东西，矫正活动属于正义；但是，根据源于诸感受的东西，矫正活动属于其他与感受有关的道德德性。所以正义禁止偷窃别人的财物，因为偷窃有悖于在外物中建立的平等；而慷慨（liberalitas）则远离对财富的无限渴望。但是，既然外在活动不从内在感受来分类，而是从外在事物，比如从诸对象来分类，那么准确地说，外

---

① 参见亚里士多德：《尼各马可伦理学》，第七卷，11，1152b。在这段话后，亚里士多德紧接着又说："多数人都认为幸福包含着快乐。这就是人们从'享福'这个词中引出'福祉'一词的原因。"（同上书，第七卷，11，1152b5）至于如何将享乐主义融入阿奎那的道德学说，参见《神学大全》（IaIIae, q.34）论"快乐的善恶"：接下来要考虑快乐的善恶。关于这个问题，有四点要探究。1）是否所有快乐都是恶？ 2）快乐是否都是善？ 3）是否有哪一种快乐是至善？ 4）快乐是否是判断道德善恶的尺度或标准？

② 参见亚里士多德：《尼各马可伦理学》，第一卷，8，1099a20。

在活动是正义的质料,而非其他道德德性的质料。

疏 3:针对第三条驳论,我要这样说,公共之善是单一个人在现存共同体中的目的,比如整体之善是诸部分之善的目的。然而,单一个人的善不是另一个人的目的。因此,法律正义指向共同之善,具体正义指向另一个单独个人的善,前者与后者相比,更能够以某种方式扩展到内在感受,安顿人自身。法律正义主要把自身扩展到其他德性,如同扩展到这些德性的外在活动,即"法律要求我们做出勇敢者的行为……做出节制者的行为……做出温和的人的行为"①,如《伦理学》所说。

第 10 节 正义的中道是否是事物的中道

第 10 节这样进行:②

---

① 亚里士多德:《尼各马可伦理学》,第五卷,1,1129b20。
② 本节可对勘:《神学大全》,IaIIae, q.64, a.2;《论德性》, q.13, ad.7, 12;《即席论辩集》(*Quodlibetal Disputation*) VI, 5, 4;《〈箴言四书〉评注》, III Sent. 33, 1, 3, ii。
德性的中道(μέσον, medium)。对勘:《神学大全》, IaIIae, q.64;《尼各马可伦理学》,第二卷,6。在过度和不及两个极端中间,不是更差或更小。所有道德德性都实现了理性的中道(medium rationis)。然而,正义在此基础上还加上了事物的中道(medium rei),通过我们外在行为和对事物的使用实现社会的均衡。理性的中道是一种个人品质;事物的中道,就其本身而言,是非个人性的,而且

驳1：正义的中道（medium）似乎不是事物的中道。因为属类的根据保留在所有种类之中。但是，道德德性在《伦理学》中被界定为"一种选择的习性，对于我们，它存在于理性规定的中道之中"。①因此，正义是理性的中道，而非事物的中道。

驳2：再者，在这些纯粹的善之中，既没有过度，也没有不及，因而也不存在中道；比如《伦理学》中所说的那些德性。但是，正义与纯粹的善有关，如《伦理学》所说。②因此，正义不是事物的中道。

驳3：再者，在其他德性中，存在的是理性的中道而非事物的中道，因为在不同的情况下，中道根据不同的人而发生变化，因为对一个人太多的东西对另一个人而言却

被表述为数学概念。

《神学大全》（IaIIae, q.64, a.2）论"道德德性的中道"：理性的中道有两种：一种存在于理性的行为上，另一种所谓的理性的中道，由理性设定在某个质料上。有些时候，理性的中道也是事物的中道，这时道德德性的中道必然是事物的中道，比如正义。有些时候，理性的中道不是事物的中道，而是根据与我们的关系来理解的，所有其他道德德性的中道即如此。

① 参见亚里士多德：《尼各马可伦理学》，第二卷，6, 1107a。
② "但正如勇敢与节制方面不可能有过度与不及——因为适度在某种意义上也是一个极端——一样，在不公正、怯懦或放纵的行为中也不可能有适度、过度与不及。"（亚里士多德：《尼各马可伦理学》，第二卷，6,1107a20）
"由于不公正的人是所取过多的人，他必定是在那些善的事物上取得过多。我们不是指所有的善事物，而是指同好运与厄运有关的那些善事物。这些善事物在一般意义上始终是善的，但是对一个具体的人却并不始终是善。"（同上书，第五卷，1, 1129b）

太少了，正如《伦理学》所说。① 但是，在正义中也是如此：殴打君主与殴打一个平民所受的惩罚不同。因此，正义拥有的不是事物的中道，而是理性的中道。

正：与之相反，哲学家［亚里士多德］指出，正义的中道根据的是算术的比例，是事物的中道。②

经：我这样回答，如上所述［a.2, ad.4; a.9; IaIIae, q.60, a.2］，其他道德德性主要与感受有关；矫正这些感受只有根据与这些感受所属的那个人本人的关系才被确定，即根据不同情形下意气和欲望的表现来确定。因此，如此德性的中道不是根据一物之于另一物的比例来理解，而是根据与德性本身的关系来理解；由此，在这些德性中，对于我们来说，中道只根据理性。

但是，正义的质料是外在活动，这活动本身或事物很有用，针对另一个人有应有的比例。所以正义的中道在于

---

① "就事物自身而言的中间，我指的是距两个端点举例相等的中间。这个中间于所有人都是同一个一。相对于我们的中间，我指的是那个既不太多也不太少的适度，它不是一，也不是对所有的人都相同的。"（亚里士多德：《尼各马可伦理学》，第二卷，6，1106a30）

② 参见亚里士多德：《尼各马可伦理学》，第五卷，4，1131b30。有学者认为，这段引文与其本来的语境有些不符。亚里士多德正在讨论，正义在私人交易中根据算术的比例，而非几何的比例实现。参见：《神学大全》，IIaIIae, q.61, a.2。

外在事物与外在的人之间的某种平等比例。然而，平等是多与少之间真正的中道，正如《形而上学》所说，所以正义有事物的中道。①

疏1：所以针对第一条驳论，我要这样说，事物的这中道也是理性的中道；所以正义保留着道德德性的根据。

疏2：针对第二条驳论，我要这样说，据说有两种纯粹的善：第一，在任何情况下都是善的，比如诸德性就是善的；就此而言，这些纯粹善的东西不被理解为中道和极端。第二，一件事物之所以被说成纯粹的善，是因为它是绝对的善，即根据它自身的本性考虑，虽然它可能因滥用而变恶，比如富裕和荣誉；在这些情况下可以理解为对人们的过度、不足和中道，取决于人们对这些东西运用得好或坏，在这个意义上，正义据说与那些纯粹的善有关。

疏3：针对第三条驳论，我要这样说，针对君主的伤害有一个特定的比例，针对平民的伤害则有另一个比例；所以需要按照不同的伤害给予不同的惩罚：这属于事物的

---

① "于是'等'，既非大亦非小，却又自然地既可大亦可小；这作为一个褫夺性的否定，与两者俱为相反（所以这也就是间体）。"［亚里士多德：《形而上学》，卷(Ⅰ)十，章五，1056a25］

"平等是较多与较少的算术的中间。就是由于这个原因，人们把这种做法称为公正……"（亚里士多德：《尼各马可伦理学》，第五卷，4, 1132a30）

不同，而不仅仅是理性的不同。

第 11 节　正义的行为是否在于还给人各自的东西

第 11 节这样进行：[①]

驳 1：正义的行为似乎不在于还给人（reddere）各自的东西。因为奥古斯丁把救助可怜人看作正义。[②] 但是，我们在救助可怜人时，给予他们的东西不属于他们，而属于我们。因此，正义的行为不在于分给人（tribuere）各自的东西。

驳 2：再者，西塞罗说："恩惠（beneficentia）可以被称作宽容（benignitatem）或慷慨，它属于正义。"[③] 但是，

[①]　本节可对勘：《神学大全》，Ia, q.21; IIaIIae, q.66, a.3, a.5。

《神学大全》（IIaIIae, q.66, a.3）论"偷窃的本质"：偷窃的本质由三点构成。其中第一点与正义相反，即分给人各自的东西……第二，偷窃不同于侵犯人身的罪……第三，偷窃是暗中窃取别人的东西。由此而言，偷窃的本质在于暗中窃取别人的东西。

《神学大全》（IIaIIae, q.66, a.5）论"偷窃是否总是罪"：如果有人思考偷窃的本质，那么他将发现偷窃作为罪的两个理由：第一，因为它与正义相反，即还给人各自的东西。这样，偷窃与正义相对立，因为它拿取了别人的财物。第二，由于狡猾或欺骗的原因，偷窃犯的罪在于暗中窃取别人的财物。因此，所有偷窃都显然是罪。

[②]　奥古斯丁：《论三位一体》（De Trinitate），XIV.9。

[③]　西塞罗：《论义务》，I.7。

慷慨是把自己的东西给别人，而不是把别人的东西给他自己。因此，正义的行为不在于还给人各自的东西。

驳 3：再者，正义不仅在于以应有的方式分配事物，而且也在于制止非法的行为，比如谋杀、通奸等等。但是，还给人各自的东西似乎只与分配事物有关。因此，把正义的行为说成还给人各自的东西，这样指称正义的行为不充分。

正：与之相反，安波罗修说："正义分给人各自的东西，不侵占他人财物；不关心自己的利益，维护共同的平等。"①

经：我这样回答，如上所述[a.8, a.10]，正义的质料是外在活动，这活动，或我们通过这活动使用的事物，与他人相配，我们通过正义被指向这人。然而，各人自己的东西是根据比例平等应当属于各人的东西。因此，正义的专属行为不是别的，就是还给人各自的东西。

疏 1：所以针对第一条驳论，我要这样说，既然正义是一种枢德，就有附加某些其他的次要德性（virtutes

---

① 安波罗修：《论义务》，I.24。

secundariae），比如怜悯、慷慨，以及其他相关的德性，将稍后再谈[IIaIIae, q.80, a.1]。① 所以救助可怜人属于怜悯或虔敬，慷慨地行善属于慷慨，这些德性经过某种还原可以归入作为主要德性的正义。

疏 2：这足以回复第二条驳论了。

疏 3：针对第三条驳论，我要这样说，正如哲学家[亚里士多德]所说，②在属于正义的这些东西中，凡是多的，

---

① 次要德性不是严格意义上的道德德性，毋宁说是一种附加的德性（virtus annexa），体现出道德德性的功能部分（potentiales partes），例如正义的附加德性有敬神（religio）、孝顺（pietas）、敬重（observantia）、真诚（veritas）、感恩（gratia）、报复（vindicatio）、慷慨（liberalitas）、亲切（affabilitas）以及友善（amicitia），参见：《神学大全》，IIaIIae, q.80, a.1。在这一节中，阿奎那规定了次要德性的两个要素：第一是这些附加的德性，有一些与其主要德性的共同点；第二是它们在某一方面，没有其主要德性所有的一切完善点。既然正义是对待他人的德性，所以，凡是与对待他人有关的德性，可能是因着这个共同点，而附加于正义。可是，正义的特质在于按照平等，将他人所应得的归于他人。所以，一种对待他人的德性可能在两方面欠缺正义所有的特质：第一是在平等的特点方面；第二是在义务或责任的特点方面。另外，怜悯（misericordia）和恩惠（beneficentia）是仁爱的附加德性，被看作仁爱的一部分。（《神学大全》，IIaIIae, q.30, a.3 ; q.31, a.1）
《神学大全》（IIaIIae, q.30, a.3）论"怜悯是否是一种德性"：怜悯表示一种关于别人不行的伤痛。然而，这种伤痛一方面可以表示一种感官欲求的运动。根据这一点，怜悯是一种感受，而非德性。另一方面，它可以表示一种理智欲求的运动，据此，这运动可以根据理性被规范，次要欲求的运动可以根据这运动被理性规范。
《神学大全》（IIaIIae, q.31, a.1）论"恩惠"：恩惠的含义是对人行善……根据共同根据，这恩惠是友爱或仁爱的行为。然而，如果对他人行的善从善的某种特殊根据理解，如此恩惠具有一个特殊的根据，从而属于某种特殊德性。

② "尽管平等是较多与较少之间的适度，得与失则在同时既是较多又是较少：得是在善上过多，在恶上过少；失是在恶上过多，在善上过少。"（亚里士多德：《尼各马可伦理学》，第五卷，4, 1132a15）

被广义地命名为得利；就像凡是少的，则被称作亏损；因为正义首先用于而且更经常地被运用在自愿的物品交易方面，比如买卖，这些名词专门用来表示这些交易；这些名词源于此，后来用于一切可以与正义相关的事物。同理，还给人各自的东西也是如此。

第12节　正义在所有道德德性中是否占据首要地位

第12节这样进行：①

驳1：正义似乎在所有道德德性中不占据首要地位。

---

① 本节可对勘：《〈尼各马可伦理学〉评注》，V, lect. 2。《神学大全》，IaIIae, q.66, a.4; IIaIIae, q.123, a.12。《〈箴言四书〉评注》，III Sent. 35, 1, 3, i; IV, 33, 3, 3。

《神学大全》(IaIIae, q.66, a.4)论"道德德性的次第"：某个德性根据自身的种类所谓的较大或较小，要么是绝对的观点，要么是相对的观点。某种德性被称作绝对地较大，是在其中包含较大的理性的善，如上所说。根据这一点，正义在所有道德德性中居于首位，因为它更接近理性……然而，根据相对的观点，某种德性被称作较大，根据的是它对主要德性的补充或装扮。正如实体绝对比属性更有价值，不过某个属性相对地比实体更有价值，因为它在某些属性方面成就实体。

《神学大全》(IIaIIae, q.123, a.12)论"勇敢是否胜过其他德性"：在这些德性的顺序中，勇敢排名首位，因为对死亡危险的恐惧最有效力，使人背离理性之善。排在勇敢之后的是节制，因为触觉的快乐比其余快乐更妨碍理性之善。然而，被称作本质的东西优于被称作效力的东西，后者又优于那排除妨碍、被称作维持的东西。因此，在四枢德中，明智第一，正义第二，勇敢第三，节制第四。之后才轮到其余的德性。

因为还给他人各自的东西属于正义,然而,将自己的东西给别人则属于慷慨;后者更有德性。因此,慷慨是比正义更伟大的德性。

驳2:再者,任何东西都只用更有价值的东西装扮自己。但是,大度(magnanimitas)是正义和所有德性的装扮,正如《伦理学》所说。[①]因此,大度比正义更高贵。

驳3:再者,德性涉及艰难和善,如《伦理学》所说。[②]但是,勇敢(fortitudo)涉及的东西比正义更艰难,因为勇敢涉及死亡的危险,如《伦理学》所说。[③]因此勇气比正

[①] "大度似乎是德性之冠:它使它们变得更伟大,而且又不能离开它们而存在。所以做一个真正大度的人很难,因为没有崇高就不可能大度。"(亚里士多德:《尼各马可伦理学》,第四卷,3,1124a)但在阿奎那眼里,大度仅仅作为勇敢的部分,参见《神学大全》(IaIIae, q.129, pr.);接下来需要考虑勇敢的各个部分,不过,在西塞罗提出的四个原则中,我们加入了其他部分;我们用大度取代了信心的位置,亚里士多德也讨论过前者。所以,应当首先思考大度,其次是慷慨,第三是耐心,第四是恒心。关于第一个问题,先讨论大度,然后再讨论与之相反的恶德。关于大度,有8点要探究:1)大度是否与荣誉有关?2)大度是否只与重大的荣誉有关?3)大度是否是一种德性?4)大度是否是一种特殊的德性?5)大度是否是勇敢的一部分?6)大度与信心是什么关系?7)大度与保证是什么关系?8)大度与机运的善是什么关系?

[②] "……战胜快乐比赫拉克利特所说战胜怒气更难,而技艺与德性却总是同比较难的事务联系在一起的。因为事情越难,其成功就越好。由于这个原因,德性与政治学也就必然地与快乐与痛苦相关。"(亚里士多德:《尼各马可伦理学》,第二卷,3,1105a10)

[③] "……勇敢的人比任何别的人都更能经受危险。而死就是所有事物中最可怕的事物。因为死亡就是终结,一个人死了,任何善恶都不会降临到他头上了。但是,勇敢又不是同所有情况下的死相联系的。"(亚里士多德:《尼各马可伦理

义更高贵。

正：与之相反，西塞罗说："在正义中，德性的光辉最灿烂，好人们都享有正义的名声。"①

经：我这样回答，如果我们谈论法律正义，它显然在所有道德德性中更卓越，因为共同之善胜过单一个人的善。按照这一点，亚里士多德说："最卓越的德性似乎就是正义，晚星（Hesperus）和晨星（Lucifer）也不如它令人钦佩。"②

但是，就算我们谈论具体正义，它也胜过其他道德德性，理由有二。其中的第一个理由可以从主体来看，因为正义是在灵魂中更高贵的部分之中，在理性欲求之中，即意志，而其他道德德性则是在感官欲求之中，感受属于感官欲求，而且是其他道德德性的质料。第二个理由可以从对象来看，因为其他德性受赞赏，只依据有德之人自己的善；然而，正义受赞赏，依据有德之人自己与他人好好相

学》，第三卷 6, 1115a25）阿奎那论勇敢："勇敢是一种属于意气的德性，不容易被死亡的恐惧所吓阻。"（《神学大全》，IIaIIae, q.123, a.4）

① 西塞罗：《论义务》，I.7。
② 参见亚里士多德：《尼各马可伦理学》，第五卷，1, 1129b30。

处，如此正义在某种程度上是他人的善，如《伦理学》所说。① 所以哲学家[亚里士多德]说："最大的德性必然是那些对别人最有益的德性；因为德性是一种行善的力量。由于这个缘故，人们最尊敬那些勇敢的人和公正的人；因为勇敢在战争时对他人有用，然而正义无论在战争还是和平时都对他人有用。"②

疏 1：所以针对第一条驳论，我要这样说，慷慨的人虽然给予他自己的东西，但他这样做时考虑的是他自身德性的善；而正义的人把别人的东西给予别人，他考虑的是共同之善。再者，所有人都遵守正义，而慷慨本身不可能扩及所有人。况且，当慷慨把自己的东西给别人时，以正义为基础，而正义保证人各得其所。

疏 2：针对第二条驳论，我要这样说，大度加在正义之上，增加了正义的品德（bonitatem）；可是，若没有正义，大度不具备德性之理。

疏 3：针对第三条驳论，我要这样说，虽然勇气与更

---

① "正是由于公正是相关于他人的德性这一原因，有人就说唯有公正才是'对于他人的善'。因为，公正所促进的是另一个人的利益，不论那个人是一个治理者还是一个合伙者。"（亚里士多德：《尼各马可伦理学》，第五卷，1, 1130a5）

② 参见亚里士多德：《修辞学》，I.9, 1366b。

艰难的事物有关，但它与更好的事物无关，因为勇气只在战争时才有用，而正义无论在战争还是在和平时都有用，如本节经论所说。①

---

① 《神学大全》(IIaIIae, q.123, a.12)：在这类德性的顺序中，勇敢占有主要地位；因为对死亡危险的畏惧最有效力，导致人背离理性之善。勇敢之后有节制；因为触觉的快乐比其他的快乐更能妨碍理性之善。可是，涉及一物本质的，优于那涉及其效力的；而后者又优于那借排除障碍，以提供其维护的。为此，在各样枢德之间，明智最先，其次为正义，勇敢第三，节制第四。此后有其他的德性。

问题 59　论不义

接下来需要考虑不义；关于这个问题，考察 4 节：

1. 不义是否是一种特殊的恶？
2. 行不义的行为是否专属于不义者？
3. 是否有人能够自愿地忍受不义？
4. 不义从它本身的属来看，是否是一种道德的罪过？

第 1 节　不义是否是一种特殊的恶

第 1 节这样进行：[①]

[①] 本节可对勘：《〈尼各马可伦理学〉评注》，V, lect. 2—3。《神学大全》，IIaIIae, q.58, a.5, ad.3; q.79, a.2, ad.1。

《神学大全》(IIaIIae, q.79, a.2, ad.1)：自然倾向属于自然法律的训令。良好的风尚（consuetudo）也有训令的力量，因为正如奥古斯丁在关于"安息日斋戒"

驳1：不义似乎不是一种特殊的恶德（vitium）。因为《约翰一书》说："凡犯罪的，就是不公平（iniquitas）。"① 但是，不公平似乎等同于不义；因为正义是一种平等（aequalitas），所以不义似乎等同于不平等（inaequalitas）或不公。② 因此不义不是一种特殊的罪过。

驳2：再者，没有特殊的罪与全部德性相对立。但是，不义与全部德性相对立；因为正如通奸与贞洁相对立，谋杀与温顺（mansuetudini）相对立，以此类推。因此，不义不是一种特殊的罪过。

驳3：再者，不义与正义相对立，正义在意志之中。但是，所有罪都在意志之中，正如奥古斯丁所说。③ 因此，不义不是一种特殊的罪过。

正：与之相反，不义与正义相对立。但是，正义是一种特殊的德性。因此，不义是一种特殊的恶。

的书信中所说，"上帝子民的习俗具有法律的性质"。因此，罪或违法可以与良好的风尚相反，以及与自然倾向相反。

① 《约翰一书》3：4。
② 不平等（inaequalitas）或不公平（iniquitas）皆因过度或不及而没有契合正确的尺度。
③ 奥古斯丁：《论灵魂的二重性——驳摩尼教徒》（*De Duabus Animabus*），X。

经：我这样回答，不义有两种。第一种是违法的不义，它与法律正义相对立；这种不义在本质上是一种特殊的恶德，它关心一个特殊的对象，即它所蔑视的共同之善。但是，从意图来看，不义是一种普遍的恶，因为，一个人通过蔑视共同之善可以被引向所有罪过；就像所有恶都与公共之善相冲突，它们也具有不义之理，仿佛它们都源于不义，正如讨论正义时所说[q.58, a.5, a.6]。

我们谈论的第二种不义与针对他人的不平等有关，即人们想要拥有更多的善，比如财物或荣誉，以及更少的恶，比如辛劳和损失。如此不义具有一种特殊的质料，它是一种个别的恶，与个别的正义相对立。

疏1：所以针对第一条驳论，我要这样说，就像法律正义据说与人类的共同之善有关，神圣正义据说也与神圣之善有关，后者与所有的罪过相冲突，根据这一点，所有的罪过都被称作不公。

疏2：针对第二条驳论，我要这样说，即便是个别的不义，也间接地与全部德性相对立；就像外在的行为也属于正义和其他道德德性，虽然方式不同，如上所述[q.58, a.9, ad.2]。

疏3：针对第三条驳论，我要这样说，意志就像理性，将自身扩展到道德的整个质料,即感受和那些针对他人的外在举止;但是,正义成就意志,只要将自身扩展到针对他人的那些举止;而不义的情形与之相似。

第2节 一个人是否因行不义而被称作不义之人

第2节这样进行:①

驳1:一个人似乎因行不义(facit injustum)而被称作不义之人。因为习性根据对象分类,如上所述[IaIIae, q.54, a.2]。② 但是,正义的专属对象是公正[的行为],不义的专属对象是不义[的行为]。因此,一个人由此行了正义之事,就应当被称作正义之人,由此行了不义之事,就应当被称作不义之人。

驳2:再者,哲学家[亚里士多德]说,有些人的意见是错误的,他们以为人能够突然行不义,而正义之人行不义时不逊于不义之人。③ 然而,除非行不义专属于不义之

---

① 本节可对勘:《〈尼各马可伦理学〉评注》,V, lect. 13;《〈诗篇〉注解》(*Super Psalmos*), 35。例如,一个人是否因为犯过谋杀罪而在本性上是凶残的?

② 《神学大全》(IaIIae, q.54, a.2)论"习性对象的分类":习性根据三点分类:第一,根据如此配备的主动原则(principia activa);第二,根据自然天性;第三,根据不同种类的对象。

③ 亚里士多德区分了偶然的行为与出于内在品性或习性的行为,见《尼各马可伦理学》(第五卷, 9, 1137a5):"人们认为行不义之事是人力之所及的事,

人，否则不会如此。因此，一个人被判断为不义之人就是由于他行了不义。

驳 3：再者，每一种德性都以相同的方式对待其专属行为，同理，与之相对立的恶也是如此。但是，不管谁行事不节制，他都被称作不节制之人。因此，不管谁行不义，他都被称作不义之人。

正：与之相反，哲学家［亚里士多德］说："做了不公正的事的人并不一定就是不公正的人。"①

经：我这样回答，就像正义的对象是外在事物之间的某种平等的事物（aequale），不义的对象也是某种不平等的事物（inaequale），即分配给某人的比他本该得的更多或更少。然而，不义的习性凭借其专属行为被比作不义的对

因而行公正是很容易的。但实际上不是这样。与邻妇通奸、殴打路人、向人行贿是容易的，是我们能力以内的，但是出于一种品质地做这些事情却不容易，也不是我们能力以内的事。其次，人们还以为，理解什么是公正、什么是不公正不需要专门的智慧，因为与法律相关的事务并不难了解。但是法律所列举的行为仅仅是它宣布为合于正义的行为。要理解一个行为怎样去做才是一个公正的行为……远比理解医疗困难得多……第三，也由于这个原因，人们认为，公正的人也同样能够行不公正，因为他们比别人更有能力做一件不公正的事，如通奸、打人……但是，怯懦和不公正并不是在于这些事情（除非偶然地），而是在于出于一种品质地做这些事情。"

① 参见亚里士多德：《尼各马可伦理学》，第五卷，6，1134a20。

象，它被称作不义之举（injustificatio）。

因此，一个行不义却并非不义之人的情况可以有两种：第一，由于不义的活动与其专属对象之间的关系有缺陷；活动从它的对象本身、而非偶然的对象获得它的种类和名称。然而，在那些指向目的的事物中，对象本身被说成是有意向的东西；而偶然的对象则是意向之外的东西。所以如果有人行不义之事，却不打算行不义，比如出于无知而这样做，没觉得自己在行不义，那么就其本身而言，他在形式上没有行不义，而只是偶然地并且仿佛在质料上行不义。所以，这样的活动不被命名为不义之举。这也可以是第二种情况，由于不义的活动与其习性之间的关系有缺陷。因为不义之举有时可能来自一种感受，比如愤怒或欲望。而有时又来自选择，即不义之举本身令人满足；那么，专门从习性出发，任何人只要养成一种习性，对于他本人来说，任何被接受的东西都适合那种习性。

所以，有意地选择行不义的专属于不义之人，在这个意义上，不义之人具有不义的习性。但是，一个人可以无意地或出于感受行不义，却没有不义的习性。①

---

① 区分体现在不义的质料和形式之间。德性的行为以及恶德的行为均要求意图和选择。无知在一定程度上削弱了意图，从而使一项行为为非自愿的，参见：《神学大全》，IaIIae, q.6, a.8。感受强化了意图，却削弱了选择，因为它在一定程度上放弃了深思熟虑，参见：《神学大全》，IaIIae, q.6, a.7, ad.3。

疏1：所以针对第一条驳论，我要这样说，习性依据其自身并在形式上划分所把握的对象，而非在质料上并且依据偶然把握对象。

疏2：针对第二条驳论，我要这样说，对任何人来说，选择行不义之事都不容易，仿佛这样做本身令人满足，而非因为别的缘故；但是，这专属于具有这一习性的人，正如哲学家［亚里士多德］在同一个地方所说。①

疏3：针对第三条驳论，我要这样说，节制的对象不是某种外在确立的东西，就像正义的对象；但是，节制的对象，即节制的事物，只能通过与节制的人的关系来把

《神学大全》(IaIIae, q.6, a.8)：无知是不自愿的(involuntarium)原因，因为它缺乏认识，而认识是自愿的前提，如前所说。不过，无知不必然都缺乏这类认识。因此，要知道对于意志的行动，无知分为三种：第一，行动中的无知；第二，行动后的无知；第三，行动前的无知。

《神学大全》(IaIIae, q.6, a.7, ad.3)：如果欲望完全夺走了认识，就像那些由于欲望而疯掉的人，结果是欲望破坏了自愿。不过，那也算不上严格的不自愿，因为在这些事情方面没有运用理性的人，既非自愿，也非不自愿。但有时候，欲望所做的这些事情，不完全破坏认识，因为它没破坏认知能力；而只是破坏对个别举止的实际考虑。不过，这本身是自愿的，因为自愿被称作属于意志的能力，比如不做和不愿意，以及不考虑，因为意志可以抵制感受。

① "一个做了不公正的事的人并不一定就是不公正的人。可是，一个人要是做了哪一种不公正的事情就是不公正的人，比如一个窃贼、奸夫或强盗呢？或者，是否问题并不在于行为本身呢？因为一个人可能同一个他熟悉的妇人同眠，然而始终不是选择而是感情。这样的人虽是做了不公正的事，却不是个不公正的人，如偷盗了却不是窃贼，通奸了却不是奸夫，等等。"（亚里士多德：《尼各马可伦理学》，第五卷，6，1134a20）

握。① 因此，偶然而无意的东西不可能在质料或形式上被称作节制；不节制的情况与之相似。在这方面，正义和其他道德德性没有相似性。但是，对于活动与习性的关系，所有德性都相似。

第3节　是否有人能够自愿承受不义

第3节这样进行：②

驳1：有人似乎可以自愿承受不义。因为不义是不平等的，如上所述[a.2]。但是，一个人若伤害自己，他就远离了平等，就像伤害他人。因此，一个人可以对自己行不义，就像对他人那样。但是，无论谁对他自己行不义，都是自愿的。因此，一个人可以自愿承受不义，尤其是他自己的不义。

驳2：再者，没人根据市民法律（legem civilem）受到

---

① 参见上文：《神学大全》，IIaIIae, q.58, a.10。
② 本文可对勘：《〈尼各马可伦理学〉评注》，V, lect. 14；《神学大全》，IIaIIae, q.66, a.4。比较法谚 "Scienti et consentienti non fit injuria neque dolus"（对于知情且同意者不产生违法与罪责）。
《神学大全》（IIaIIae, q.66, a.4）论"抢劫与偷窃的区别"：偷窃和抢劫之所以是具有罪的本质，是因为获取（acceptio）这一行为对于被剥夺一方是非自愿的。然而，非自愿有两种，一种是无知，另一种是暴力……因此，抢劫与偷窃的本质不同，种类也有区别。

惩罚,除非他犯下某些不义[的罪行]。但是,根据市民法律,那些自杀的人会受到惩罚,正如哲学家[亚里士多德]所说,在古代,他们将被剥夺葬礼。① 因此,一个人可以对自己行不义,他也有可能自愿承受不义。

驳3:再者,没人行不义,除非有人正在承受不义。但是,一个人可以对一个自愿这样做的人行不义,比如他卖给那人的东西超过其本来价值。因此,一个人也有可能自愿承受不义。

正:与之相反,承受不义与行不义相对立。但是,没人行不义,除非他愿意。因此,反过来讲,没人承受不义,除非违背他的意志。

经:我这样回答,行为依其自身的原因来自行动者;然而,感受根据其专门的原因则来自他人。所以,根据同一性,行动者和承受者不可能是同一人,正如《物理学》(*Physic*)所说。② 然而,在人们中,行动者的专属原则是

---

① "城邦羞辱自杀的人,因为他做了对城邦不公正的事情。"(亚里士多德:《尼各马可伦理学》,第五卷,11,1138a15)

② "既然有时同一事物可以既是潜能的也是现实的——一定不是同时,或者不是在某类的同一方面,而是诸如一方面潜能上是热的,另一方面现实上是冷的。那么,许多事物这时就会彼此既推动也被推动。"(亚里士多德:《物理学》,

意志，所以人的专属而本己的行为才是他自愿的行为；相反，一个人专门承受的东西是在他的意志外所承受的东西，因为从自愿的角度讲，原则来自他自己；这样看来，他是行动者而非承受者。

所以我要说，就其本身并且从形式上讲，没人能行不义，除非他自愿；没人能承受不义，除非违背他的意志。然而，依据偶然并从质料上讲，有人可以不情愿地做本身就不义的事情，比如一个人在意图之外的活动；也可以自愿忍受不义，比如自愿多给别人他本应得的东西，这是有可能的。

疏 1：所以针对第一条驳论，我要这样说，当有人自愿给别人本不属于他的东西时，他没有行不义或不平等。因为人靠自己的意志占有财物；如果根据自己的意志让人拿走某件东西，不管是他自己的抑或别人的，这样做并无不妥。

疏 2：针对第二条驳论，我要这样说，单一的个人可以从两方面考虑。第一，从他自己来看，这样如果他对自

III.1, 201a20）"运动中必然有三种事物：运动者、推动者和推动的工具。运动者必然被推动，而不必然推动；作为推动工具的事物既推动又被推动；推动者不像推动的工具，它只推动而自身不能运动。"（VIII.5, 256b15—20）

己施加某种伤害,理由可能出于某种别的罪,比如不节制或不明智,不见得是不义;因为就像正义总是针对他人,不义也是如此。第二,可以将这个体考虑为属于城邦的一员,即城邦的部分,或属于上帝的一员,即他的造物和形象。这样他自杀的话,不是在对他自己行不义,而是对城邦和上帝行不义;所以,惩罚依据神的法律多于人的法律,就像使徒就通奸者说:"若有人毁坏神的殿,神必要毁坏那人。"①

疏3:针对第三条驳论,我要这样说,承受是外在行为的结果。然而,在行不义和承受不义方面,作为质料的东西根据外在完成的东西被关注,即它本身被考虑,如上所述[a.2];然而,作为形式并且就其自身而言的东西根据行为者和承受者的意志被关注,如上所述[a.2, corpus]。所以我想说,从质料来讲,一个人行的不义和另一个人承受的不义总是相互伴随。但是,如果从形式来讲,一个人有行不义的意图,他可以去行不义;然而,由于另一个人愿意承受,他便没有承受不义。相反,一个人可以忍受不义,如果他承受的不义违背了他的意志;然而,另一个人出于无知这样做,他不是形式上行不义,而只是

---

① 《哥林多前书》3:17。

在质料上行不义。

第4节　行不义之人是否都犯了死罪

第4节这样进行：①

驳1：似乎并非每个行不义之人都要犯死罪。因为可以原谅的罪过与死罪相对立。但是，一个人行不义有时可被原谅；因为哲学家［亚里士多德］在谈论那些行不义之人时说："不仅是无知者犯的罪过，而且由于无知而犯的罪过，都可以原谅。"② 因此，并非每个行不义之人都犯

---

① 本节可对勘：《神学大全》，IIaIIae, q.69, a.1; q.70, a.4; q.110, a.3.《〈箴言四书〉评注》，Sent. 42.1.4.

《神学大全》(IIaIIae, q.69, a.1)论"关于被告的死罪"：无论谁做了违反正义义务的事情，他就犯了死罪，如上所说。然而，在这些关于涉及自己法权的事情上服从自己的上级，属于正义的义务。然而，如上所述，审判者是他的审判对象的上级。因此，审判者依法审判时，审判对象必须据实相告。如果他在应当说明真相的事情上不愿说明真相，或者否认说谎，他就犯死罪。

《神学大全》(IIaIIae, q.70, a.4)论"关于证人的死罪"：作伪证有三点可耻。第一，因为是假誓言，因为证人不被信任，除非他宣誓；从这一点来看，作伪证总是死罪。第二，因为违反正义。从这一点来看，作伪证就其属类而言，总是死罪，就像任何一种不义……第三，作伪证本身，因为一切谎言都是罪。从这一点来看，作伪证不总是死罪。

《神学大全》(IIaIIae, q.110, a.3)论"是否所有谎言都是罪"：然而，谎言就其属类而言是恶的。因为它是一种降格到不正当的质料的行为，因为语言本就是理智的自然标志，若有人用语言表示的不是心里所想的，这既不自然也不正当……因此一切谎言皆是罪。

② 参见亚里士多德：《尼各马可伦理学》，第五卷，8，1136a5。

死罪。

驳 2：再者，谁在小事上行不义，谁就有些偏离中道。但是，这似乎并不要紧，而且应当被算作最小的恶，正如哲学家［亚里士多德］所述。① 因此，并非每个行不义之人都犯死罪。

驳 3：再者，仁爱是"所有德性之母"，② 与仁爱相反的罪才被称作死罪。但是，与其他德性相反的罪过并非都是死罪。因此，行不义也并非总是死罪。

正：与之相反，凡是与神的法律相反的都是死罪。但是，无论谁行不义，他做的事情都违反了神的法律的训令（praeceptum legis Dei），因为它被还原为或偷窃，或通奸，

---

① "然而，尽管我们不谴责稍稍正确——无论是向过度还是向不及——的人，我们却的确谴责偏离得太多、令人不能不注意到其偏离的人。至于一个人偏离得多远、多严重就应当受到谴责，这很难依照逻各斯来确定。这正如对于感觉的题材很难确定一样。这些事情取决于具体情状，而我们对它们的判断取决于对它们的感觉。"（亚里士多德：《尼各马可伦理学》，第二卷，9，1109b20）

② 伦巴第人彼得（Peter of Lombard），《箴言四书》，Sent. III, 500, 23。伦巴第人彼得（1100—1160 年），意大利神学家，曾担任过巴黎主教，是阿伯拉尔的学生，《箴言四书》是其代表作。箴言（sententiae）指对出自《圣经》段落的教义难点的简短评注，然后再将这些解释以系统的方式编排起来，旨在化解不同经文之间的冲突。这种写作方式始于 12 世纪初，彼得是集大成者，《箴言四书》后来成为中世纪大学神学教科书。此后，经院学人不再热衷于创作新的箴言，他们的主要兴趣在于评注彼得的这本《箴言四书》。

或自杀，或谋杀他人，容稍后再述。① 因此，无论谁行不义都犯死罪。

经：我这样回答，正如之前谈论罪过的差别时所说，② 死罪与仁爱相反，仁爱是灵魂的生命。然而，一切对他人造成的伤害都与出于自身的仁爱相冲突，而仁爱使人意愿别人的善。所以，既然不义总是由对他人的伤害构成，很明显，根据它的属类（ex genere suo），③ 行不义是死罪。

---

① 偷窃、通奸、自杀以及谋杀属于违反交换正义的恶德，属于因不自愿的交换所犯的罪。这些罪要么损害与他有关系的人，要么损害他们的财物。参见：《神学大全》，IaIIae, q.64, pr, q.64—66。

② 《神学大全》(IaIIae, q.72, a.5)论"罪的差别"：然而，小罪与死罪的区别来自失序的（inordinationis）差异，而失序构成了罪的本质。有两种失序：一种失序破坏秩序的原则，另一种失序没有破坏原则……在活动方面，如果罪使人背离最终目的，按罪的本性，无法补救，被称作死罪，将受到永恒的处罚。若那人犯的罪不背离上帝，按罪自身的本质可以补救，因为原则没被破坏，因此被称作小罪，因为所犯的罪没有达到无期徒刑的程度。

③ 根据它的属类，不像比如缺乏机灵（εὐτραπελία），它本身不是一种严重的罪，对勘：《神学大全》，IIaIIae, q.168, a.2—4。但不是"ex toto genere suo"（根据它的整个属类），这是另一个专门的术语，表示一种总是如其质料一般严重的罪，比如渎神。这结论旨在让人理解形式上的不义，对勘上文：a.2。

"……在这些方面，一个人既可能做得过度，也可能做得不及。那些在开玩笑上过度的人被看作是滑稽的或品味低级的人……那些从来不开玩笑、也忍受不了别人和他玩笑的人被看作是呆板的和固执的。诙谐地开玩笑的人被称作机智的，意思就是善于灵活地转向的。因为，机智的妙语仿佛就是品质的活动。"（亚里士多德：《尼各马可伦理学》，第四卷，8, 1128a5）"快乐的朋友也是有几个就可以了，就像一顿饭有点甜点就够了一样。"（同上书，第九卷，10, 1170b30）"阿那卡西斯说，消遣是为了严肃地做事情。这似乎是正确的。因为消遣是一种休息，而我们需要休息是因为我们不可能不停地工作。所以休息不是目的，因为我

疏 1：所以针对第一条驳论，我要这样说，哲学家[亚里士多德]的那一说法应当被理解成对事实的无知相关，他称其为"对个别情形的无知"，① 这种无知值得原谅；然而，对法权的无知则不可饶恕：不过，谁出于无知而行不义，他没有真正行不义，除非是出于偶然，如上所说[a.2]。

疏 2：针对第二条驳论，我要这样说，那在小事上行不义的人未达到行不义的充分根据，因为他所做的可以算

们是为着实现活动而追求它。"（同上书，第十卷，6, 1177a）

《神学大全》(IIaIIae, q.168, a.2)论"在消遣中是否有德性？"：因此，关于种种消遣，可以有某种德性，哲学家[亚里士多德]称这种德性为机灵。某人被称为机灵，指善于灵活调整，因为他善于变化言辞和行动，逗人开心。一个人通过这种德性防止不节制的消遣，保持在节制之下。

《神学大全》(IIaIIae, q.168, a.3)论"消遣的过度"：因此，消遣过度被理解作超过了理性的规定。这可以有两种方式：第一，因为消遣中采取的那些行为的种类本身，根据西塞罗，这类消遣是不雅的、无礼的、邪恶的和淫秽的……由此可见，消遣过多是死罪。第二，可以是由于环境方面的欠缺，从而导致消遣的过度，比如在不当的时间或地点消遣，或者跟不当的人或事消遣。有时这可能是死罪……有时则只是小罪。

《神学大全》(IIaIIae, q.168, a.4)论"消遣的不及"：但是，消遣之所以有用，是快乐和休息的缘故；然而，在人生中寻求快乐和休息，不是为了它们本身，而是为了活动，如《伦理学》所说。所以，消遣不及不像消遣过度那样有罪。

① "我们应当承认，所有的坏人都不知道他们应当做什么，不应当做什么，这种无知是不公正的行为的，总之是恶的原因。然而，把由于不知何种事物有益而做错的行为说成是违反意愿的是不妥当的。因为，选择上的无知所造成的并不是违反意愿（而是恶）。违反意愿的行为并不产生于对普遍的东西的无知（这种无知受到人们谴责），而是产生于对个别的东西，即对行为的环境和对象的无知。原谅和怜悯是对于对这些个别事物的无知的。因为，一个对这一切都不知道的人自然是在违反其意愿地做事的。"（亚里士多德：《尼各马可伦理学》，第三卷，1，1110b30）

作与承受这不义的人的意志不完全相反；就像有人从别人那里拿走一个苹果或之类的东西，后者其实不会受伤，也不会对前者不满。

疏3：针对第三条驳论，我要这样说，罪过与其他德性相反，不总是给他人带来伤害，但是，罪过引发某种与人的感受相关的失序。因此这里没有可比性。

问题 60　论审判

接下来需要考虑审判（judicio）；[①] 关于这个问题，考察 6 节：

1. 审判是否是一种正义的行为？
2. 审判是否合法？
3. 审判是否应当以怀疑为基础？
4. 疑点是否应当往更好的方面解读？
5. 审判是否总是应当依据成文法律？
6. 僭越（per usurpationem）审判是否有害？

[①] 判断、审判（judicium）在这里不是一个逻辑的或认识论的论题，而是一个道德论题：主要在法庭上对何为正义进行决断，但也可延伸至关于正直及其他品质的私人审判。

第 1 节　审判是否是正义的行为

第 1 节这样进行：①

驳 1：审判似乎不是正义的行为。因为哲学家 [亚里士多德] 说，"每个人在他认识的那些事上都善于判断"，这样审判似乎属于认知性力量。② 然而，认知性力量由明智成就。因此，审判属于明智而非正义，后者在意志之中，如上所说 [q.58, a.4]。

驳 2：再者，使徒说："属灵者判断一切。"③ 但是，属灵的人主要由仁爱造就，仁爱"浇灌在我们心里，由圣灵赐予我们"④。因此，审判属于仁爱而非正义。

驳 3：再者，正确地判断其专属质料，这属于每一种德性，因为根据哲学家 [亚里士多德]，有德之人"是事物的标准和尺度"。⑤ 因此，审判不只属于正义，它还属于

---

①　本节可对勘：《神学大全》，IIaIIae, q.63, a.4；《〈以赛亚书〉注解》(*Super Isaiam*), I, lect. 6。
　　《神学大全》(IIaIIae, q.63, a.4)论"审判的偏袒"：审判是一项正义的行为，审判者把那些可能造成不平等的事情还原为正义的平等。然而，偏袒(personarum acceptio)含有某种不平等，这是因为把某样东西给某人时，没有依据正义的平等本身所要求的比例。因此，偏袒显然败坏了审判。
②　参见亚里士多德：《尼各马可伦理学》，第一卷，3，1094b25。
③　《哥林多前书》2：15。
④　《罗马书》5：5。
⑤　亚里士多德：《尼各马可伦理学》，第三卷，4，1113b。

其他道德德性。

驳4：再者，审判似乎只属于审判者。然而，正义的行为在每个公正者中都找得到。既然审判者不是唯一的公正者，审判似乎就不是专属于正义的行为。

正：与之相反，《诗篇》说："直到正义变成审判。"①

经：我这样回答，审判专指属于审判者（judex）的审判行为；而审判者被称作执法者（jus dicens）；而法权是正义的对象，如上所述［q.57, a1］。所以"审判"的定义表示对公正事物或法权的决断（determinationem justi sive juris）。然而，有人本来好好定义的东西，在德性活动中其实专门来自德性的习性，比如，忠贞者正确地断定贞洁的事物。因此，审判指正确决断公正事物，它专属于正义。正因为如此，哲学家［亚里士多德］说："人们求助审判者，就像求助正义的化身。"②

---

① "正论"有时仅仅作为之后论证的标签。《诗篇》94：15。《诗篇》由一百五十篇赞美诗构成，堪称旧约的"诗经"。《诗篇》包罗万象，涉及神学、伦理、道德以及虔诚的宗教生活，甚至还包括一些诅咒诗，是《旧约》中历来最受人欢迎、极受人重视、应用最广、引用最频繁的一部经书。

② 参见亚里士多德：《尼各马可伦理学》，第五卷，4，1132a20。

疏 1：所以针对第一条驳论，我要这样说，"审判"一词的原初含义表示正确断定公正的诸事物，后来延伸为正确断定任何事物，无论是思辨的还是实践的。不过，一切正确的审判都需要两点。一方面，德性本身要进行审判，这样审判就是一种理性的行为，因为言说或定义某物的行为是理性的。而另一方面是审判者的性情（dispositio），从这性情中获得素养才能正确审判。在这些关于正义的事物中，审判来自正义；就像在那些关于勇敢的事物中，审判来自勇敢。所以，审判是一种正义的行为，就像正义使人倾向于正确地审判，而审判也是一种明智的行为，就像明智要进行审判；因此判断力（synesis, σύνεσις）属于明智，它被称作"善于判断"，如上所述。①

疏 2：针对第二条驳论，我要这样说，属灵之人，由于仁爱的习性，倾向于根据神圣规则正确审判一切事物，从神圣规则而来的审判通过智慧的恩赐（donum sapientiae）

---

① "理解或好的理解，即我们说某个人理解或善于理解时所指的那种品质，不同于科学本身……因为，理解的对象不是永恒存在而不改变的事物，也不是所有生成的事物，而只是那些引起怀疑和考虑的事物。所以，理解和明智是与同样一些事物相关联的。然而，理解又与明智有所不同。明智发出命令……而理解则只作判断。"（亚里士多德：《尼各马可伦理学》，第六卷，10, 1143a）

《神学大全》（IIaIIae, q.51, a.3）论"判断力是不是德性"：审判胜过计谋（consilium）。但是善谋（eubulia），即善于出计谋，是一种德性。所以，善于判断的判断力（synesis）更是一种德性。

公布:① 就像公正的人通过明智的德性公布来自法权规则的审判。

疏 3：针对第三条驳论，我要这样说，其他德性指导人与自己的关系，而正义指导人与他人的关系，如上所述[q.58, a.2]。然而，人是关于自己事物的主人；却不是关于他人事物的主人。所以，在那些根据其他德性的事物中，只需要有德之人的审判，不过是审判的引申含义，如上所述[ad.1]。但是，在关于正义的事物中，更需要上位者的审判，他有能力指控双方，"把他的手放在二人中间"。② 正因为如此，审判特别属于正义，而非其他任何德性。

疏 4：针对第四条驳论，我要这样说，正义在君主那里就像是一种主导的（architectonica）德性 [对勘：q.58, a.6]，命令并指示公正的事物；然而，正义在臣民那里却是一种执行的和服务的（executiva et ministrans）德性。所以，审判指断定公正的事物，尤其根据领导者

---

① 《神学大全》(IIaIIae, q.45, pr.)：接下来需要考虑的是智慧的恩赐，它对应仁爱。论"智慧的恩赐"(a.1)：在另一方面，谁知道那绝对的最高原因，即谁知道上帝，就被称为绝对的智者，因为他能按照上帝的规则，判断（judicare）及安排一切的事物。可是，人借着圣灵（spiritum sanctum）才能得到这样的判断……由此可见，智慧是圣灵的恩赐。

② 《约伯记》9：33。《约伯记》是《旧约》最古老的经文之一，讲述了义人受苦这个几乎困扰每个民族的论题。《约伯记》是《诗歌·智慧书》的第一篇，诗歌体裁，文笔优美，塑造了约伯这样一个经典的义人形象。

(praesidente)，它属于正义。

第 2 节　是否允许审判

第 2 节这样进行：[1]

驳 1：似乎不允许审判。因为没人受罚，除非不被允许。但是，惩罚将逼近那些审判者，那些审判者逃不掉惩罚，根据《马太福音》："你们不要论断人，免得你们被论断。"[2] 因此不允许审判。

驳 2：再者，《罗马书》说："你是谁，竟审判别人的奴仆？他或站住，或跌倒，自有他主人在。"[3] 然而，上帝是万物之主。因此不允许任何人审判。

---

[1] 本节可对勘：《神学大全》，IIIa, q.59.《反驳那些攻击上帝崇拜和宗教的人》(*Contra impugnantes Dei cultum et religionem*)，I. 21.《〈罗马书〉讲章》(*Super Romanos*)，Rom. 2. Lect. 1；14, lect. 1.《〈哥林多前书〉讲章》(*Super I ad Corinthios*)，I Cor. 4, lect.1。

《神学大全》(IIIa, q.59, a.1)论"基督的审判权"：为行审判，需要三点。第一，制裁属下的权柄。第二，需要对正直有热情，即是人不是由于仇恨或嫉妒，而是由于热爱正义而施行审判。第三，需要智慧，按照智慧而形成审判。前两点是审判的先决条件，可是第三点却是审判获取自己形式或审判之所以为审判的依据，因为审判的本质就是审判所依据的智慧或真理的法律。

[2]《马太福音》7：1。在四福音书中，《马太福音》成书最早，《马可福音》和《路加福音》都有借鉴《马太福音》。此外，《马太福音》最具犹太气质，作者追溯耶稣与大卫的血缘关系，意在强调耶稣乃王室后裔，正是犹太人期盼的"弥赛亚王"。

[3]《罗马书》14：4。

驳 3：再者，没人是无罪的，根据《约翰一书》："我们若说我们无罪，便是在欺骗自己。"① 但是，罪人不允许审判，根据《罗马书》："你这论断人的，无论你是谁，也无可推诿。你在什么事上论断人，就在什么事上定自己的罪，因为你这论断人的，自己所行却和别人一样。"② 因此，不允许任何人审判。

正：与之相反，《申命记》说："你在所有关口设立审判官和长官，让他们按照公正的审判审判民众。"③

经：我这样回答，只要审判是正义的行为，就被允许。然而，如上所述 [a.1, ad.1; ad.3]，审判若是一项正义的行为，需要三个条件：第一，审判以正义为来源；第二，审判来自有权威的领导者；第三，它按照明智的正确理性执行。若如果缺少任中一条，审判将有缺陷且不被允许。第一，审判违反正义的正确，这时它被称作败坏的或不义的审判。第二，有人在审判时，他对所审判的这些事物不具有权威，这时它被称作僭越的审判。④ 第三，缺乏理性的

---

① 《约翰一书》1：8。
② 《罗马书》2：1。
③ 《申命记》16：18。《申命记》是《摩西五经》的最后一部，主要内容是把摩西在西奈山下立的法律重新给以色列人详述一遍，故而也有人称之为摩西的遗嘱。
④ 对勘下文：a.6。

确定性，比如当某人在审判一些可疑的或秘密的情况时，由于推理不可靠，这样它被称作可疑的或轻率的审判。①

疏1：所以针对第一条驳论，我要这样说，上帝在那句话中禁止轻率的审判，与内心的意图或其他不确定事物有关，正如奥古斯丁所说。② 或者上帝在那句话中禁止关于神圣事物的审判，这些事物在我们之上，我们不应当审判它们，而只要相信它们，正如希拉里乌斯（Hilarius）所说。③ 或者上帝禁止的审判并非源自善意的审判，而源自心生的歹意（ex animi amaritudine），正如金口约翰所说。④

疏2：针对第二条驳论，我要这样说，审判者被设立为上帝的助手；所以《申命记》说，"你们审判要按公义判断"，之后又说，"因为审判是属于上帝的"。⑤

疏3：针对第三条驳论，我要这样说，那些犯了重罪的人不应当审判那些犯了同等或较轻罪行的人，正如金口

---

① 对勘下文：a.3。
② 奥古斯丁：《论登山宝训》（*De Sermone Domini in Monte*），II.18。
③ 希拉里乌斯：《马太福音评注》（*Commentary on Matthew*），V. 9.950。希拉里乌斯（约315—367年）是中世纪经院哲人了解早期基督教希腊文献中关于三一论的重要权威。
④ 金口约翰：《马太福音评注》，XVII.7.1。
⑤ 《申命记》1：16；1：17。

约翰所说。[1] 当那些罪过是公开的,则主要应当这样理解,因为这会在别人心里产生歹心(scandalum)。[2] 然而,如果这些罪过不公开,而是秘密的,对于审判者而言必须立刻进行,因为职责的缘故,他可以带着谦卑和恐惧去论辩或审判。所以奥古斯丁说:"如果我们发现我们也犯了与别人同样的罪过,我们应当同他一起悲叹,邀请他一起努力。"[3] 不过由此一来,这人这样做不算谴责自己,仿佛应该再受一次新的谴责;而是在谴责别人时,他表明自己应当收到类似的谴责,因为他犯了相同或相似的罪过。

第 3 节 从怀疑来进行审判是否不被允许

第 3 节这样进行:[4]

驳 1:从怀疑来进行审判似乎不被允许。因为怀疑似

---

[1] 金口约翰:《马太福音评注》,XXIV.7.1。

[2] scandalum 指违背仁爱的罪。《神学大全》(IIaIIae, q.43, a.1)论"歹心":当一个人走在路上时,遇到一个障碍,可能他会碰到它,因而跌倒。这样的障碍就是绊脚石(σκάνδαλον, scandalum)。同样的,当一个人走在精神的道路上时,可能因另一个人的言语或行为使自己跌倒或堕落。也就是说,一个人可能用他的威迫利诱,或不良的榜样,引诱别人犯罪。这就是真正的歹心(scandalum)。可是,没有一样东西,由于它的本质,就能使人在精神方面堕落,除非它缺少某种正直性。因为凡是完全正直的,反而能保护人,使他不致失足堕落。所以,那"提供堕落机会的不大正当的言行"被称为歹心,是恰当的。

[3] 奥古斯丁:《论登山宝训》,II.19。

[4] 本节可对勘:《即席论辩集》,XII, 22, 2。

乎是一种不确定的意见,与某种恶有关,所以哲学家[亚里士多德]说:"怀疑本身关乎真假。"① 但是,关于个别而偶然的那些事情,只可能有不确定的意见。所以,当人性的(humanum)审判涉及那些个别而偶然的人性行为时,似乎没有审判被允许,如果不允许从怀疑来审判的话。

驳2:再者,有人通过不被允许的审判对他的近邻造成伤害。但是,恶的怀疑不过是属人的(hominis)意见;这样它似乎与对他人的伤害无关。所以,基于怀疑的审判不被允许。

驳3:再者,若[审判]不被允许,它一定可以还原为不义,因为审判是一项正义的行为,如上所述[a.1]。但是,不义根据其属类总是死罪,如上所述[q.59, a.4]。所以,基于怀疑的审判总是死罪,若它不被允许。但是,这是错的,因为奥古斯丁在注解《哥林多前书》第4章第5节"时候未到,你们不要审判"时说:"我们不可能避免怀疑。"② 所以,带有怀疑的审判似乎并非不被允许。

正:与之相反,关于《马太福音》"你们不要审判"等

---

① "我们假定灵魂肯定和否定真的方式在数目上是五种,即技艺、科学、明智、智慧和努斯,观念和意见则可能发生错误。"(亚里士多德:《尼各马可伦理学》,第六卷,3, 1139b15)不难看出,阿奎那的引文与原文出入较大。

② 奥古斯丁:《〈约翰福音〉释义》,15.23。

文字，金口约翰说："天主不凭借这条命令禁止基督徒出于善意指责他人，而是禁止那些自诩正义的基督徒轻视、仇恨、控告别的基督徒，这样做大多只是出于怀疑。"①

经：我这样回答，正如西塞罗所说，怀疑表示源于轻微迹象的坏意见。② 这有三个原因。第一个原因出自一个人自己的恶；正因为如此，虽然明知他自己的恶意（malitiae），事实上考虑的恶却是关于别人的，根据《传道书》，"有一位愚人在路上走着，他虽然无知，却料想众人愚蠢"。③ 第二个原因来自一个人对另一人的恶劣影响：因为当一个人鄙视或仇恨他人时，以及对那人感到愤怒或嫉妒时，他从轻微迹象来考虑关于那人的某些恶，因为每个人在事实上都相信他欲求的东西。第三个原因来自长期的经验；因此，哲学家[亚里士多德]说："老人们十分多疑，因为他们常常经验到他人的错误。"④

然而，怀疑的前两种原因显然涉及感受的败坏，第三种原因其实减少了怀疑的根据，因为经验造就确定性，

---

① 金口约翰：《〈马太福音〉评注》，XVII.7.1。
② 西塞罗：《图斯库路姆论辩集》（*Tusculanae Disputationes*），IV.7。西塞罗在《论预言》2.2中明确把《图斯库路姆论辩集》归为哲学作品。
③ 《传道书》10：3。《传道书》是《旧约》的一篇，作者据说是所罗门王。
④ 参见亚里士多德：《修辞学》，II.13, 1389b20。

后者与怀疑之理相反。所以，怀疑的程度相当于缺陷的程度。

然而，怀疑分三等。第一等，有人从轻微迹象开始怀疑他人的善。这是一种小而轻的罪；因为它与属人的诱惑有关，正如《哥林多前书》对"时候未到，你们不要审判"的注解，"若没这诱惑，这生活过不了"。第二等，有人从轻微迹象中推测确定别人的恶意。假如事关重大，那就是死罪，因为这少不了轻视近邻。所以，同一个注解继续说道："所以，我们不能避免怀疑，因为我们皆为凡人，不过我们应当维持审判，以免形成种种确实的、固定的判决。"第三等，某位审判者基于怀疑打算判某人的罪；这与不义直接相关，因而是死罪。

疏1：所以针对第一条驳论，我要这样说，在种种人性行为中，具有某种确定性，虽然不像证明的确定性，但符合如此的质料，比如有合适的证人为一件事作证。

疏2：针对第二条驳论，我要这样说，由此看来，一个人若在缺乏充分理由定罪的情况下对别人有偏见，会对那人造成伤害。

疏3：针对第三条驳论，我要这样说，既然正义和不义关于外在活动，如上所述[q.58, a.9; q.59, a.2]，那么基于怀疑的审判与不义直接相关,只要它体现在外在活动上,便是死罪,如上所述(corpus)。然而,内在的审判与正义相关,只要它与外在的审判有关系,就像内在行为与外在行为那样,例如欲望与通奸有关系,或者愤怒与谋杀有联系。

第 4 节　疑点是否应当往更好的方面解读

第 4 节这样进行:

驳 1:疑点似乎不应当往更好的方面解读。因为审判更应当是这样,即根据大多数情况来审判。但是,在大多数情况中,发生的都是人们做的坏事,因为"愚人不计其数",正如《传道书》所说,还因为"人的思想从小就倾向于恶",一如《创世记》所说。① 因此,我们更应当往坏的而非往好的方面解读疑点。

驳 2:再者,奥古斯丁说:"那人虔敬而正义地活着,他不偏不倚,评价事物时趋于中立的方面。"② 但是,若往更好的方面进行解释,那疑点便偏向其中一方。因此,不应当这样做。

---

① 《传道书》1:15;《创世纪》8:21。
② 奥古斯丁:《论基督圣道》(*De Doctrina Christiana*),I.27。

驳 3：再者，人应当爱邻居如己。但是，关于自己，一个人应当往更坏的方面解释疑点，根据《约伯记》，"我惧怕我的全部工作"。① 因此，那些与近邻有关的疑点似乎应当往更坏的方面解释。

正：与之相反，关于《罗马书》"别让不吃的人审判吃的人"，注解说，"疑点应当往更好的方面解释"。②

经：我这样回答，如上所述 [a.3, ad.2]，一个人若缺乏充分理由便对他人有恶意，他便伤害、轻视了那个人。然而，若非事出紧急，没人应当轻视或以任何方式伤害他人。因此，当没有关于他人之恶的明显迹象时，我们应当视其为好人，往更好的方面去解释疑点。

疏 1：所以针对第一条驳论，我要这样说，往更好的方面解释疑点的人可能会更常受骗；但是，一方面是对坏人有善意而常受骗，另一方面是对好人有恶意而鲜为受骗，前者比后者更好，因为后者会造成伤害，前者不会。

---

① 《约伯记》9：28。
② 《罗马书》14：3。"注解"指拉丁通行本注解。注解引文参见奥古斯丁：《论登山宝训》，I.9。

疏 2：针对第二条驳论，我要这样说，判断（judicare）事物是一回事，审判人则是另一回事。因为在审判中，在我们判断事物的审判中，我们无需关心所判断事物好的或坏的方面，无论怎样事物都不会受到伤害，但是，若审判者审判得对，那只是他的善，如果他审判得错，那只是他的恶，因为"真实是理智之善，而虚假是理智之恶"，正如《伦理学》所说。[①] 所以，每个人都应当争取按照事物所是来判断事物。但是，在我们判断人的审判中，我们主要关心的是受审人他那善的方面与恶的方面，如果他在这[审判]中被判断为善，他会很光荣，如果他被判断为恶，则受轻视。因此，我们应当在如此审判中倾向于判断人为善，除非有与之相反的明显根据。然而，对于审判者而言，只要好好审判他人，错误的审判便与理智之恶无关，就像根据他自己认识到的个别的、偶然的真理，与他的完满无关，而与情境下的（affectum）善有关。

疏 3：针对第三条驳论，我要这样说，从更坏或更好的方面解释一个人可以有两种方式。第一，通过假设；这样，当我们应当采取措施补救某些坏事时，不管是我们自己的抑或别人的坏事，要脱离这[处境]，以便增加更安全

[①] 参见亚里士多德：《尼各马可伦理学》，第六卷，2，1139a25。

的补救措施，避免更差的情况，因为一项补救措施若对更大的恶都有效，对更小的恶也将有效。第二，以定义或决断的方式，某物被我们解释成好的或坏的。这样在判断事物时，一个人应当争取根据每一件事物的所是去解释；然而在判断人时，则往更好的方面解释，如上所述 [corpus; ad.2]。

第 5 节　是否总是应当依据成文法律审判

第 5 节这样进行：

驳 1：似乎并不总是依据成文法律来审判。因为不义的审判总是可以避免的。但是，成文法律有时包含不义，根据《以赛亚书》："那些设立不公正律法、记录不义判词的人们有难了。"① 因此，不应当总是依据成文法律审判。

驳 2：再者，审判一定处理的是个别事件。但是，没有哪一部成文法律能够包含一切个别事件，正如哲学家[亚里士多德]所述。② 因此，似乎不应当总是依据成文法

---

① 《以赛亚书》10∶1。
② "……法律是一般的陈述，但有些事情不可能只靠一般陈述解决问题。所以，在需要用普遍性的语言说话但是又不可能解决问题的地方，法律就要考虑通常的情况，尽管它不是意识不到可能发生错误。法律这样做并没有什么不对。因为，错误不在于法律，不在于立法者，而在于人的行为的性质。人的行为的内

律审判。

驳3：再者，书写法律的目的是为了表明立法者的主张(sententia)。但是，有些时候，即便立法者本人在场，他也会做出不同的裁决。因此，不应当总是依据成文法律审判。

正：与之相反，奥古斯丁说："在这些世俗的法律中，虽然人们在制定法律时，对这些法律做出了判断，不过一旦制定完成并固定下来，审判者就不允许再审判这些法律，而是依据这些法律[审判]。"①

经：我这样回答，如上所说[a.1]，审判不是别的，而是对什么是正义进行定义或决断。然而，事物有两种方式变得公正：第一，从事物的自然本性，这被称作"自然法"；第二，从人与人之间的某种约定(condicto)，这被称作"实定法"，如上所述[q.57, a.2]。然而，订立法律(leges)，旨在说明这两种法(juris)，只不过方式不同。因为成文法律虽然包含自然法，但它没有设立自然法。因为自然

容是无法精确地说明的。所以，法律制定一条规则，就会有一种例外。"（亚里士多德：《尼各马可伦理学》，第五卷，10, 1137b15）

① 奥古斯丁：《论真宗教》(*De Vera Religone*)，XXXI。

法的效力不来自法律,而来自自然。然而,成文法律既包含又制定实定法,前者把权威的效力给予后者。所以,必须依据成文法律审判,否则审判将缺乏自然公正(justo naturali)或实定公正(justo positivo)。

疏1:所以针对第一条驳论,我要这样说,就像成文法律没有赋予自然法效力,它也不能减少或夺走它的效力,因为人的意志不能改变自然。所以,若成文法律包含任何与自然正当相反的东西,它便不公正,也没有约束力。因为,对于自然法,只有在"一件事这样做或那样做都没有区别"时,实定法才有发挥的余地,如上所述[q.57, a.2, ad.2]。所以,如此法律不被称作成文法律,毋宁被称作败坏的法律,如上所述。① 因此,审判不应当依据这些法律。

---

① 《神学大全》(IaIIae, q.95, a.2)论"人的法律是否都来自自然法律":正如奥古斯丁所言,不公正之事无法律可言。因此,法律的效力取决于它正义的程度。那么,人类事务的公正与否依据的是理性的规则。但首要的理性规则即自然法律,这从上述可以清楚地看出。因此,人所制定的法律在其源于自然法律的意义上具有法律的效力。但是,如果它在任何一点上偏离了自然法律,就不再是法律而毋宁是法律的误用。但是,必须注意,可以有两种方式源于自然法律:首先,作为原则的结论;其次,通过对特定的共同概念的决定。前者类似于在科学中从原则推导出证明结论;后者则像是在技艺中从共同形式中确定一些具体细节。因此,匠人需要从房子的共同形式中确定这座那座具体的房子。一些事物是以结论的形式源于自然法律的共同原则的,例如不得杀生这一结论就源于不应伤害任何人这一原则;而有些则源于决定的形式,例如,自然法律规定作恶者应受惩罚,但以这种或那种形式进行惩罚则是自然法律的一种决定。因而,这两种派生的模

疏 2：针对第二条驳论，我要这样说，就像不公的法律就其本身而言，要么总是，要么在大部分情况下与自然法相反，那些正确设立的法律如果与自然法相反，在别的一些情形下也不起作用。所以，在这些情形下，就不应当依据法律条文来审判，而应当重返立法者所主张的公平（aequitatem）来审判。① 所以，法学家[杰尔苏]说："没

式在实定的人的法律中都存在。但是，那些以前一种形式派生出来包含在人的法律之中的事物，不仅具有实定法律的效力，还具有自然法律的一些效力。而那些以后一种形式派生的事物除了人的法律的效力之外不具有其他效力。

① 总体思路是通过公平来保证审判乃至立法的正当性。对勘：《神学大全》，IaIIae, q.96, a.3; IIaIIae, q.120, a.1—2。
《神学大全》(IaIIae, q.96, a.3)论"人的法律是否规定了全部美德行为"：美德的种类是以其目标区分的。所有美德的目标或者涉及个体的私人善，或者涉及大众的共同善。因此，实现勇气或者是为着城邦的安全，或者为着朋友的利益。其他美德亦是如此。但如前所述，法律指向共同善。因此，不存在其行为无法由法律加以规定的美德。然而，人法并不规定与每种美德相关的全部行为，而只是针对那些可实现共同善的，或者直接地，即直接做某事以实现共同善，或者间接地，即立法者规定与良好秩序相关的特定事宜，以此指引公民支持正义与和平的共同善。
《神学大全》(IIaIIae, q.120, a.1)论"公道（epieikeia）是不是德性"：由于法律所涉及的人类行为，是关于无数能变化万千的个别偶然情形，所以无法定出在任何个别事例上都没有疏漏的法律规则。立法者在制订法律时，注意一般地发生的事。所以，如果硬把法律应用在某些事例上，就会违反正义，损害大众的共同利益；而维护共同利益原是法律目的之所在……不墨守成规，遵从正义本质的，即公道，也就是拉丁文的公平（aequitas）。
《神学大全》(IIaIIae, q.120, a.2)论"公道是不是正义的一部分"：一种德性有三部分，即隶属部分、构成部分以及功能部分……公道是正义的隶属部分。而且关于公道的正义优先于关于法律的正义，因为法律正义是按照公道来安排的。因为法律正义也是由公道指导的。为此，公道犹如人类行为的一种更高级的准则。

有法的根据或公平的宽容(benignitas)会这样显示,把本来为众人的利益而恰当引进的东西,进行不予众人方便的严苛解释,并被我们变成负担。"① 在这些情形下,就算立法者也会有不同的审判;如果他考虑到这情形,他会用法律予以限制。

疏3:这足以回答第三条驳论了。

第6节 审判是否因僭越而被当作错误的

第6节这样进行:②

驳1:审判似乎不因僭越而被当作错误的(perversum)。因为正义是体现在行为中的正确。但是,不管出自谁的口,真理都不受损,而应当被大家认可。因此,正义也不

---

① 《学说汇纂》,i, 3, 25。引文据说出自3世纪法学家莫迪斯蒂努斯(Modestinus),《学说汇纂》引用过其作品中的几段话。

② 本节可对勘:IaIIae, q.67, a.1;《〈罗马书〉讲章》, Rom. 14, lect. 1。
《神学大全》(IIaIIae, q.67, a.1)论"审判者在审判中的不义":审判者的判决就像一条个别的法律,关乎某一件个别的事实。因此,就像普遍的法律应当具有强制力(vim coactivam),正如哲学家[亚里士多德]在《伦理学》第十卷中所说,审判者的判决也应当具有强制力,这强制力迫使双方遵守审判者的判决,否则审判就没有效力了。然而,在人类事物中,不允许具有强制权力(potestatem coactivam),除非那人在履行公共权力。履行更高级的权力的那些人,对待各自的权力对象就像对待下级,不管他们掌握权力是由此安排,还是受人委托。因此很显然,没人可以审判他人,除非他以某种方式是前者的下级,不管是受人委托,还是权力的安排。

受损，不管由谁来界定正义，这属于审判的本质。

驳2：再者，惩罚罪过与审判相关。但是，某些人因惩罚过罪行而被人们称赞，尽管他们无权惩罚那些人；就如《出埃及记》，摩西杀害埃及人，如《民数记》，以利亚撒之子非尼哈杀害撒路之子心利，以及如《诗篇》所说，"这算作他的正义"。因此，审判的僭越与不义无关。①

驳3：再者，属灵的权力不同于世间的权力。但是，拥有属灵权力的教士（praelati）有时会介入世俗权力涉及的事务中。因此僭越的审判并非不被允许。

驳4：再者，就像正确的审判不仅需要权威，还需要审判者的正义和知识，如上所述［a.1, ad.1, ad.3; a.2］。但是，如果某位审判者不具备正义的习性或法权的知识，审判却不会被称之为不公正。因此僭越的审判并非——即在缺乏权威时——总是不公正。

正：与之相反，《罗马书》说："你是谁，竟论断别人

---

① 《出埃及记》2：11；《民数记》25：7—16；《诗篇》105（106）：21。先知是以色列人特有的传统，最伟大的先知非摩西莫属。先知是上帝在人间的代表，每当犹太民族蒙难之际，先知都会得到上帝的启示，带领犹太人摆脱困境，《出埃及记》即讲述了摩西带领族人摆脱埃及统治者压迫的故事。《民数记》记载了户口调查和士兵登记等事宜，故得此名。从情节上看，《民数记》接续了《出埃及记》的内容。

的仆人?"①

经：我这样回答，由于审判应当依据成文法律施行，如上所述[a.5]，那施行审判的人以某种方式解释法律的条款(dictum)时，要将它运用到具体的案例中。然而，既然释法的和立法的属于同一个权威，就像只有公共权威才能创立法律，所以公共权威使自己扩及隶属于共同体的那些人，审判只能由这公共权威来施行。所以，一个人强迫另一个人遵守未经公共权威批准的法律法是不义的，如果一个人迫使另一个人服从未经公共权威施行的审判，也同样不义。

疏1：所以针对第一条驳论，我要这样说，公布真理并不强迫人接受真理，人人都有自由按自己的意志选择接受或不接受；因此，若有人被不具有公共权威的人审判，则是不义的。

疏2：针对第二条驳论，我要这样说，摩西杀死埃及人，他仿佛从神启获得权威，《使徒行传》似乎说明了这一点："打死那埃及人……摩西以为他的兄弟明白，是天

---

① 《罗马书》14：4。

主借他之手搭救以色列人。"① 或者可以这样说,摩西杀死那个埃及人并未犯罪,因为这属于自卫,以免自己受不义侵害。② 因此,安波罗修引用摩西为例,他说:"当一个人能够抵挡来自同伴的伤害,却不这样做时,他与那犯科者同罪(vitium)。"③ 或者也可以这样说,正如奥古斯丁所说,"土地在有用的种子生长之前,生长着无用的野草,并被称赞为肥沃多产(fertilitate),就像摩西的这一行为虽然有罪,但标志着他富有活力(fertilitatis)",即他那解放民众的能力(virtutis)的标志。④

至于非尼哈,应当这样说,他是由神启以及对上帝的热忱驱使而这样做的;或者说,因为他虽不是大祭司(summus sacerdos),却是大祭司之子,而这审判与他有关,

---

① 《使徒行传》7:24—25。《使徒行传》是《路加福音》的续编。
② 《神学大全》(IIaIIae, q.64, a.7)论"自卫杀人":自卫可以产生两种效果:一个是想保护自己的生命,另一个是杀死来犯者。从一个人的用意是想保护自己的生命来看,这类行为并不构成不合法;因为每一样东西自然都想尽力维持自己的生存。不过,一个出自善意的行为,如果不与目的相称,也能变成不合法的。为此,如果一个人在自卫时所用的暴力超出必要的度,这就变成了不合法了。相反,如果他有节制地抵抗暴力,他的自卫便是合法的⋯⋯可是,由于只有公权力,为了保全的大众的利益,才可以杀人。所以一个人不得企图杀人,以求自卫,除非他握有公权力,而且在想杀人自卫的时候是为了大众的公益,例如一个士兵对敌作战,又如一个法官的助手与贼人搏斗。不过,如果他们的动机是徇私的,那么就是他们也有罪。
③ 安波罗修:《论义务》,I.36。
④ 奥古斯丁:《圣经前七书问答》(*Quaestiones in Heptateuchum*), II.2。

就像被指派的其他审判者一样。

疏 3：针对第三条驳论，我要这样说，世俗的权力从属于属灵的权力，就像身体从属于灵魂。所以，如果属灵的权力介入世间的俗事务，在这些事务中，世俗权力从属于属灵的权力，或者世俗权力已经把它们留给属灵的权力，那么审判就没有僭越。

疏 4：针对第四条驳论，我要这样说，知识和正义的习性是个体的完满；所以，缺乏这些完满，审判不像缺乏公共权威时那样僭越，因为后者赋予审判强制力。

接下来需要考虑正义的诸部分(partibus justitiae):①

第一,从属的部分,即正义的种类,比如分配性正义和交换性正义[q.61—78];

第二,近似构成要素的部分[q.79];

第三,近似功能的部分,即[与正义]有关联的诸德性[q.80]。

第一部分要从两个方面来考虑:第一,正义的诸部分;第二,与之相对立的诸种恶。由于返还(restitutio)似乎是一种交换性正义的行为,所以我们应当首先考虑交换性正义与分配性正义的区分;然后再考虑返还。

---

① 德性的诸部分。这些部分被划分为从属的部分(partes subjectivae)、构成的部分(partes integrales)以及功能的部分(partes potentiales)。《神学大全》(IIaIIae, q.48, q.128, q.143)分别以这样的划分方式讨论明智、勇敢以及节制。我们已经讨论过两种正义的种类,即普遍正义和具体正义,参见上文:《神学大全》, IIaIIae, q.58, a.5—8。现在具体正义又分成两个部分,即交换正义和分配正义,见下文: a.1。其他类型的正义可以分解为这三种类型。这样,就司法正义(criminal justice)而言,服务于共同之善,则属于普遍正义;解除某一职务的职责,则属于交换正义;而根据相应的比例罚款,则属于分配正义。而国际正义同样服务于共同之善,当它规范各私人缔约方时,属于交换正义;当它要求承担各自协议的费用时,则属于分配正义。

问题 61　论正义的诸部分

关于第一个问题,考察 4 节:

1. 是否存在两个种类的正义,即分配的正义和交换的正义?

2. 在这两个种类中,中道是否以同样的方式被理解?

3. 这些种类有统一的质料还是多样的质料?

4. 根据这些正义种类的某一种,正义是否等同于回报(contrapassum)?

第1节 将正义分为交换正义和分配正义两个种类是否恰当

第1节这样进行:①

驳1:将正义分为分配正义和交换正义两个种类似乎不合适。因为损害多数人的东西不可能是正义的种类,毕竟正义指向共同之善。但是,共同体的财物若在多数人中间分配,则损害多数人的共同之善。原因有二,第一,共同体的财源(opes)将被耗尽;第二,人们的道德将被败坏。因为西塞罗说:"受惠者变得更坏,而且更倾向于期待一直接受相同的[恩惠]。"② 所以,分配不属于正义的任何种类。

驳2:再者,正义的行为还给人各自的东西,如上所述[q.58, a.2]。但是,在分配中,一个人不是得到属于他的东西,而是初次占有曾属于共同体的东西。所以,这[分配]与正义无关。

驳3:再者,不仅统治者有正义,被统治者也有正义,

---

① 本节可对勘:《神学大全》,Ia, q.21, a.1。《〈尼各马可伦理学〉评注》,V, lect. 4, lect.6。《〈箴言四书〉评注》, III Sent. 33, 3, 4 & ad.2; IV, 46, 1, 1, i。

② 西塞罗:《论义务》,II.15。

如上所述[q.58, a.6]。但是，分配总是属于统治者。所以，这[分配]并非一直属于正义。

驳4：再者，《伦理学》说："分配正义与共同之善有关。"① 但是，共同体的事务涉及法律正义。所以，分配正义不是正义的具体种类，而属于法律正义。

驳5：再者，一和多不改变德性的种类。但是，交换正义在于把某物交给某人，而分配正义则在于把某物交给多数人。所以，它们是正义的不同种类。

正：与之相反，哲学家[亚里士多德]把正义分成两部分。他说："一部分是分配行为中的分配[正义]，另一部分是交换行为中的交换[正义]。"②

经：我这样回答，如上所述[q.58, a.5, a.7]，具体正义指向某一位个人，个人与共同体的关系就好比部分与整体。然而，关于某一部分，可以关注两点。第一，部分与部分的关系，与之类似的是一位个人与另一位个人的关系；而这种关系由交换正义引导，后者处理的是两个人相互之间的交往。第二种关系关注整体与部分，这种关系跟

---

① 参见亚里士多德：《尼各马可伦理学》，第五卷，4，1131b25。
② 参见同上书，第五卷，2，1130b30。

共同体与单独的个人之间的关系相似：这种关系由分配正义引导，按比例分配共同［之善］。因此，有两种正义，分配［正义］和交换［正义］。①

疏1：所以针对第一条驳论，我要这样说，就像有些个人因施舍节制而受人称赞，因施舍过度而受人责备，在分配共同之善时也应当节制；由分配正义引导。

疏2：针对第二条驳论，我要这样说，就像部分与整体在某些情况下相同，属于整体的东西与属于部分的东西在某些情况下也是如此；所以共同体的财物被分配给个人时，这些个人各自获得的在一定程度上就是他自己的。

疏3：针对第三条驳论，我要这样说，分配共同体财物的行为只属于共同之善的领导者，但是，分配正义也被分配到被统治者中，只要他们对正义的分配感到满意。不宁唯是，共同财物的分配不一定发生在城邦中，还发生在一个家庭里；在家庭分配中，可以凭借某一位个人的权威来进行。

疏4：针对第四条驳论，我要这样说，运动从终点来

---

① 交换正义不仅限于私人层面，还适用于负责任的国家官员们，他们有义务为不义行为进行返还。对勘:《神学大全》，IaIIae, q.62, a.1。而分配正义则分配荣誉、任务，以及其他的利益、税收、罚金等。

把握其种类。因此，指引那些个人的事物朝向共同之善，属于法律正义；但是，与之相反，通过分配指引共同之善朝向个别的个人则属于个别的正义。

疏 5：针对第五条驳论，我要这样说，分配[正义]和交换正义不仅在一与多方面有区别，而且在不同责任的根据方面[也有区别]。因为对于某个人来讲，应得的共同[财物]是一回事，[应得]的私人[财物]是另一回事。

第 2 节　在分配正义和交换[正义]中，中道是否以相同的方式被理解

第 2 节这样进行：①

驳 1：在分配正义和交换[正义]中，中道似乎是以相同的方式被理解。因为，它们皆为具体正义，如上所说[a.1]。在节制或勇敢的所有部分中，中道就以同一种方式被理解。所以，在分配正义和交换[正义]中，中道以相同的方式被理解。

驳 2：再者，道德德性的形式在于由理性所决定的中

---

① 本节可对勘：《〈尼各马可伦理学〉评注》，V, lect. 4—7；《〈箴言四书〉评注》，III Sent. 33, 1, 3, ii. 关于正义的中道，参见：《神学大全》，IIaIIae, q.58, a.10。

道。所以，当一种德性只有一种形式时，对于二者而言，中道应当以相同的方式被理解。

驳3：再者，在分配正义中，中道被理解为应当关注各人的不同地位。但是，交换正义也关注各人的地位，比如惩罚；因为殴打君主的人所受的惩罚重于殴打平民的人［所受的惩罚］。所以，中道以相同的方式在这两种正义中被理解。

正：与之相反，哲学家［亚里士多德］说："分配正义被领会为几何比例（proportionalitatem）的中道，而交换正义被领会为算术的中道。"①

经：我这样回答，如上所述（a.1），在分配正义中，

---

① 参见亚里士多德：《尼各马可伦理学》，第五卷，3—4，1131b以下。根据数学家们的说法，有两种比例，即几何的比例和算术的比例。这一论证并未描述一个平等主义的社会。它使用了两个术语，等比（proportio）和比例。前者指一方跟另一方之间要么等量要么不等量的关系，参见：《神学大全》，Ia, q.12, a.1, ad.4。后者指两倍或多倍的对应关系，参见：《论真理》，II, 3, ad.4。有人试图用等比指代交换正义，用比例指代分配正义，但如此指代与这里的用法不相符。
《神学大全》（Ia, q.12, a.1, ad.4）：比例有两种。一种是一个量与另一个量之间的关系。据此，两倍、三倍、相等都是这种比例的种别。另一种是，凡是一物与另一物之间的关系都称为比例。如此则受造物与造物主之间能够有比例，因为受造物之于造物主，犹如是结果之于原因，潜能之于实现。依次，受造的理智能够与认知上帝成比例。

某个东西被给予某一个人，相当于把属于整体的东西归于所应当的部分。那一部分在整体中越显著，[分配给它的]份额越大。因此，在分配正义中，那个人在共同体中的地位越显赫，他获得的共同财物就越多。在贵族(aristocratica)政体中，显赫性以德性为准，在寡头(oligarchica)政体中，以财富为准，在民主(democratica)政体中，以自由为准，其他政体以此类推。因此，在分配正义中，中道不是依据事物与事物之间的平等被理解，而是依据事物与人之间的比例被理解，就像一个人超过另一个人，给予前一个人的东西也要超过给予后一个人的东西。因此，哲学家[亚里士多德]说，中道依据的是"几何的比例"，在几何的比例中，平等关注的不是数量，而是比例。例如，如果我们说，就像六比四相当于三比二，因为二者的比例都是一又二分之一，较大的数字是较小数字及其一半相加的总和。然而，根据数量，超过的[部分]不相等，因为六比四多二，三比二多一。

但是，在交换中，由于已经收到某人的东西，所以要还给他某个东西，主要由买卖的行为所示，交换的根据首先发现于此。因此，必须使物与物相等，这样，这个人拥有比自己多的东西，若有多少来自另一个人，就得返还他多少。这样的平等依据算术的中道，它依据数量上超出的等量[部分]。这样,五是六和四之间的中道;因为它超出后者的就是被前者超出的,即一。所以,如果两人最初各有五,其中一人从另一人那里得到一,即这获得的人将有六,而另一人只剩下四。如果将二者都还原为中道,即从拥有六的人那里取走一,并把这一还给拥有四的那人;因为这样二者将各有五,所以正义即中道。

疏 1:所以针对第一条驳论,我要这样说,在其他道德德性中,中道依据理性被理解,而非依据事物(rem);但是,在正义中,要依据事物来领会中道,因此,要依据事物的不同、以不同的方式领会中道。

疏 2:针对第二条驳论,我要这样说,平等是正义的一般形式,就此而言,分配正义和交换正义相一致;不过,在一种情况下,我们发现平等依据的是几何比例,在另一种情况下,依据的是算术比例。

疏 3:针对第三条驳论,我要这样说,一个人在行为(actionibus)和感受(passionibus)中的身份(conditio)决定他的事物的数量;因为殴打君主比殴打平民造成的伤害更大。因此,分配正义关注人的地位本身,而交换正义则关注事物的不同。

第 3 节　两种正义的质料是否不同

第 3 节这样进行：①

驳 1：两种正义的质料似乎没有不同。因为质料的不同造成德性的不同，正如勇气和节制所示。所以，如果分配正义和交换正义具有不同的质料，那么它们似乎不被包含在一个德性，即正义之下。

驳 2：再者，分配正义分配的是"荣誉、钱物或其他可析分的共同财富"，如《伦理学》所说。② 这些也是人与人之间相互交换的东西，属于交换正义。所以，对于分配正义与交换正义，不存在不同的质料。

驳 3：再者，如果由于种类不同，分配正义是一种质料，交换正义是另一种质料，那么将不存在种类的不同，也不应当存在质料的不同。但是，哲学家［亚里士多德］断言，交换正义是一个种类，却有许多质料。③ 所以，这些种类

---

① 本节可对勘：《〈尼各马可伦理学〉评注》，V, lect.4。
② 亚里士多德：《尼各马可伦理学》，第五卷，2, 1130b30。
③ "矫正的公正又有两种，相应于两类私人交易：出于意愿的和违反意愿的。出于意愿的交易如买与卖、放贷、抵押、信贷、寄存、出租，它们之所以被称为出于意愿的，是因为它们在开始时双方是自愿的。违反意愿的交易的例子中有些是秘密的，如偷窃、通奸、下毒、拉皮条、引诱奴隶离开其主人、暗杀、作伪证；有些是暴力的，如袭击、关押、杀戮、抢劫、致人伤残、辱骂、侮辱。"（亚里士多德：《尼各马可伦理学》，第五卷，2, 1131a）

似乎没有许多质料。

正：与之相反，《伦理学》说："一种正义指向分配，另一种指向交换。"①

经：我这样回答，如上所说 [q.58, a.8, a.10]，正义与某些外在活动有关，即分配和交换；这些活动要使用某些外在东西，要么是物（rerum）、要么是人（personarum），要么是事（operum）：至于物，好比有人拿走或返还本属于另一个人的东西；至于人，好比有人伤害了这个人，比如殴打或辱骂，或又表示歉意；至于事，好比有人公正地驱逐另一个人，或把某件事归咎于另一个人。所以，如果我们把这些活动所使用的东西理解为这两种正义各自的质料，那么分配正义的质料与交换正义的质料便是相同的；因为财物可以从共同体中分配到每一个人，也可以从一个人那里交换到另一个人；关于辛劳的事业，也有某种分配及补偿（recompensatio）。然而，如果我们把这两种正义各自的质料理解为这些主要行为本身，即我们使用的人、物、事，这样人们便发现这二者各自的质料不同，因为分配正义指

---

① 参见亚里士多德：《尼各马可伦理学》，第五卷，2，1130b30。

向分配，交换正义则指向在两个人之间进行的交换。

这些交换有些是非自愿的，有些则是自愿的。非自愿的情况是，当有人使用另一个人的物、人、事而违背他的意志时，这要通过欺骗暗中进行，也可以通过暴力公开进行。然而，在任何一种情况下，要么涉及财物，要么涉及本人，要么涉及相关的人。就财物而言，如果一个人暗中拿走别人的财物，这叫作偷窃；如果公开拿走，则叫作抢劫。就本人而言，要么针对人的性命本身，要么针对他的尊严；如果针对人的性命，涉及谋杀、殴打以及下毒，这样算暗中伤害；而公然杀害、下狱、鞭挞以及残害肢体算公开伤害。然而，如果针对人的尊严，伪证、诽谤算暗中伤害，这些行为让人丧失自己的名声；法庭起诉或当众羞辱算公开伤害。如果涉及相关的人，来自妻子的伤害大多数情况指暗中通奸，来自奴隶的伤害指引诱奴隶离开主人；这些事也能够公开地进行。其他相关人等也是如此，无论什么样的伤害都能够针对他们实施，就像针对统治者。但是，通奸和诱使奴隶的伤害还专门与这些人有关；不过，既然奴隶是主人的财产，还牵涉偷窃。

然而，自愿的交换被称作一个人自愿将他的财物转移给他人。如果他不负有债务，仅仅把财物转移给他人，比如馈赠（donatione），这不是正义的行为，而是慷慨的行为。然而，一项自愿的转移若属于正义，它得是关于债务之理的事物。这有许多种方式。第一，有人仅仅把自己的物品转移给他人，回报他人的物品，这发生在买卖中。第二，某人把自己的物品交给他人，后者允许使用该物品，但有义务物归原主。如果他允许免费使用物品，物品的那些产出就被称作收益（ususfructus）；若借的是没有产出的物品，比如银币、器具之类，仅仅被称作贷款（mutuum）或借款（commodatum）。[①] 如果那人不允许免费使用，则被称作出租（locatio）或租赁（conductio）。第三，某人交易自己的东西，又打算收回来，不是为了使用，而是为了保存，例如信托（deposito），或为了义务，好比有人抵押自己的物品，或有人替别人担保。

然而，在所有这些行为中，不管自愿与否，相同的是，依据回报的平等理解中道。因此，所有这些行为都属于正义的一个种类，亦即交换正义。

疏：上述这些足以回复各条驳论了。

[①] 利息（usura），参见《神学大全》（IIaIIae, q.78, a.1）论"利息"：金钱主要是为了交易而被发明的。所以，金钱所固有的主要用处也就是它自己的消灭或解体，因为在进行交易时它被消费掉了。为此，为了借钱给人使用而收取代价，即所谓利息，本身就是不可以的。正如一个人必须把不义得来的其他东西返还给人，同样，他也必须把收取利息所得的钱返还给人。

第 4 节　正义是否与回报完全相同

第 4 节这样进行：①

驳 1：正义似乎与回报（contrapassum）完全相同。因为神圣的审判绝对正义。但是，神圣审判的形式是这样的，一个人必须根据他做的事情承担后果，根据《马太福音》："你们怎样审判人，也将怎样被审判；你们用什么尺

---

① 本节可对勘：《〈尼各马可伦理学〉评注》，V, lect. 8。

回报（contrapassum），字面含义"反过来承受"，源于 τὸ ἀντιπεπονθός。这个词一般译作报酬、报答，有时译作报复。然而，这一概念不必然是惩罚性的，而且比以牙还牙或罪有应得更深刻，包括以德报德、以怨报怨、对等的惩罚（poena talionis），参见：《神学大全》，IIaIIae, q.68, a.4；复仇（vindicatio），参见：《神学大全》，IIaIIae, q.108。亚里士多德审查过这种行动与承受之间的抵消或反弹（参见：《尼各马可伦理学》，第五卷，5），他反对毕达哥拉斯派的观点，他们把正义界定为承受对等的回报。

《神学大全》（IIaIIae, q.68, a.4）论"对等的报复"：诉讼的一方是原告，他旨在让被告受罚。然而，在他们之间维持正义的公平，属于审判者。然而，正义的公平要求，凡是造成他人伤害的，也要受到同样的伤害……因此，有人通过诉讼使他人陷入严厉惩罚的危险，这人也要受到同样的处罚，这才是正义。

《神学大全》（IIaIIae, q.108, a.1）论"复仇"：复仇在于对犯罪者施以惩罚之苦。所以，关于复仇这个问题，必须注意复仇者的用心。如果他的目的主要是想使他所复仇的人受苦，并止于此，这绝对是不可以的。因为以他人之苦为乐，这是仇恨之事，而仇恨违反我们泛爱众人的仁爱。如果一个人的用心，只是想使那个曾无理地害过自己的人受苦，他也不得以此而推诿无罪；正如一个人不得以只恨那恨自己的人为借口而推诿无罪一样……不过，如果复仇者的用意主要是在于惩罚犯罪者，以达到某一个好的目的，诸如使犯罪者悔改，或者至少使他受到约束，而使别人享有安宁，使正义得以维持，上帝受到荣光等，那么只要顾及其他应有的情况或条件，复仇是可以的。

度编排量器量给人,你们也将被人编排。"① 所以,正义与回报完全相同。

驳 2:再者,在正义的任一种类中,都是根据某种平等给人某种东西。分配正义考虑人的地位;而人的地位似乎主要取决于他们为某个共同体效力时取得的事功。而交换正义考虑一个人在事物中的损失。然而,根据各自的平等,人人皆根据他已经做过的事情回报。所以,正义似乎与回报完全相同。

驳 3:再者,一个人似乎不应当主要根据自愿与非自愿之间的差异回报他已经做过的事情:因为那非自愿造成伤害的人受的惩罚较轻。但是,自愿与非自愿是从我们的方面来理解的,它们并非不同于正义的中道,因为这是事物的中道,不是我们的中道。所以,正义似乎与回报完全相同。

正:与之相反,哲学家[亚里士多德]承认,正义并非总是回报。②

---

① 《马太福音》7:2。
② "还有人把不折不扣的回报看作是公正。毕达哥拉斯派的学说就是这样,他们把公正规定为不折不扣的回报。可是不折不扣的回报既和分配的公正不是一回事,也和矫正的公正不是一回事……因为在许多时候回报都与公正有区别。例如,如果一位官员打了人,就不该反过来打他。而如果一个人打了一个官

经：我这样回答，据说，回报表示一种承受先前行为的平等补偿。回报专门适用于违法的承受（passionibus），比如，有人伤害他的邻居，如果他殴打了别人，他就应当被打回来。这种正义在法律中有规定，《出埃及记》有"要以命偿命，以眼还眼"① 等等。由于拿走别人的东西也是行不义（facere injustum），因此，第二种回报在于，不管谁造成了损失，他也应当在自己财物上蒙受损失。这一正义的损失也可见于法律，《出埃及记》："人若偷牛，或羊，无论是宰了，是卖了，他就要以五牛赔一牛，四羊赔一羊。"② 第三，回报的概念被转移到自愿的交换上，在交换中有行为与承受，但自愿性减少了承受的根据，如上所述 [q.59, a.3]。然而，在所有这些情形中，平等的补偿应当依据交换性正义，即对承受的补偿须等同于行为。

然而，如果一个人的承受与行为是同一种类，那就不会总是平等。因为，首先，当一个人伤害另一个更大的人物时，其行为大于他可以承受的同一种类的任何承受；因此，那殴打君主的人不仅要被打回去，而且会遭受更加严重的惩罚。同样地，当有人违背他人意志，抢夺其财物时，

员，就不仅该反过来打他，而且该罚他。"（亚里士多德：《尼各马可伦理学》，第五卷，5, 1132b25）

① 《出埃及记》21：23—24。
② 《出埃及记》22：1。

他的行为大于他的承受,如果仅仅把那财物从他那里拿走的话,因为这人已经造成了别人的损失,他自己却没受损失;[1] 因此,他得提供多倍的补偿作为惩罚,因为他不仅伤害了个人,还伤害了共和国(rem publicam),更破坏了共和国守护者的安全。同样地,在自愿交换中,也不存在平等的承受,如果一个人给出他自己的财物,然后拿走别人的财物,因为别人的财物可能比他自己的更加重大。因此,有必要根据一定比例的匹配,在交换中使承受与行为相等:为此发明了钱币。这样,回报就是交换正义。

在分配正义中,没有回报的位置,因为在分配性正义中,我们不关心比例的平等,无论是事物与事物之间的抑或承受与行为之间的,总之被称之为"回报"的东西,而是关心事物与人之间的比例,如上所述[a.2]。

疏1:所以针对第一条驳论,我要这样说,我们关心神圣审判的那一形式,依据交换正义的道理,即把奖赏予以功绩,把惩罚予以给罪行。

疏2:针对第二条驳论,我要这样说,如果有人在保

---

[1] 返还旨在恢复交换正义,其根源在于以下任何一点或两点:第一,拿走别人的财产(res aliena accepta);第二,不义地拿取(injusta acceptio)。对勘下文:《神学大全》,IIaIIae, q.62, a.4, a.6。

卫共同体时，因他的保卫而获得报偿，这不是分配正义，而是交换正义。因为，在分配正义中，我们不关心获得的事物与付出的事物之间的平等，而是根据各人的身份，关心一个人获得的事物与另一个人获得的事物之间的平等。

疏3：针对第三条驳论，我要这样说，当伤害的行为是自愿的时，便加大了伤害，从而被理解为更严重的事物；因此，有必要对他施行更大的惩罚，这依据的不是我们的差异，而是事物的差异。

问题 62　论返还

接下来需要考虑返还；关于这个问题，考察 8 节：

1. 返还是一种什么样的行为？
2. 为得拯救，是否必须返还所有拿走的东西？
3. 是否有必要加倍返还？
4. 是否有必要返还没有拿走的东西？
5. 是否有必要从谁那里取走东西就返还谁？
6. 是否有必要让取走东西的人去返还？
7. 其他人是否要返还？
8. 是否要立刻返还？

第1节 返还是否是一种交换正义的行为

第1节这样进行：

驳1：返还似乎不是一种交换正义的行为。因为正义关系到应得物的本质。但是，就像赠予的东西不可能是亏欠他人的东西，返还也是如此。所以，返还不是正义的任何一部分的行为。

驳2：再者，那已经失去的而且不再存在的东西不可能返还。但是，正义和不义涉及特定的行为和遭受，它们不持存，易流变。所以，返还似乎不是正义的任何一部分的行为。

驳3：再者，返还近似于对取走的东西的补偿。但是，一个东西能够被人取走，不仅发生在交换中，也发生在分配中，比如某人在分配时给人的东西少于他应得的东西。所以，返还作为交换正义的行为，不亚于分配正义的行为。

正：与之相反，补偿与拿走（ablationi）相对立。但是，拿走别人的财物是不义的交换行为。所以，返还是一种正义行为，指导交换活动。

经：我这样回答，返还似乎只是重新规定一个人对自己财物的占有或所有；在返还中，我们关注正义的平等，它依据事物对事物的补偿，属于交换正义。因此，补偿是一种交换正义的行为，即一个人的财物被别人占有，要么遵从他的意志，例如借贷款；要么违背他的意志，例如抢劫或偷盗。①

疏1：所以针对第一条驳论，我要这样说，不欠他人的东西，严格来讲，不属于他人，即便在某一时期曾经属于过他人。因此，当任何人把不欠他人的东西还给他时，它更像是馈赠，而非返还。不过，它还是与返还有某些相似之处，因为财物就质料而言是相同的；不过，根据形式的本质，在涉及正义时，属于某人自己的东西并不相同。因此它不被专门称作返还。

疏2：针对第二条驳论，我要这样说，返还的名称只要表示某种重复，它就假定了财物的同一性。因此，根据名称的原初含义，返还似乎主要用于外在事物，这些外在

---

① 返还，把某个东西还给它本来的所有者，或者对造成的损失或伤害进行赔偿，以此恢复交换正义的平等。恢复其他关系，比如仁爱、友谊、宗教，甚至一般正义和分配正义，不是严格意义上的返还的直接对象，而是还债、满足、道歉的直接对象。义务不是较少的回报，而是不按照狭义上的交换正义去回报。

事物在实质上和所有权(jus dominii)方面都相同,可以从一个人转向另一个人。但是,就像"交换"的名称已经从这样的外在事物转变为那些涉及尊敬或伤害、有害或有益的行为或遭受,"返还"的名称也被引向这些事物,它们在事实上不持存,却在结果中持存,要么是身体性的,比如因殴打而受伤的身体,要么是事关人们的名誉(opinione),比如某人被责备的言语中伤,或者他自己的荣誉(honore)受到威胁。

疏3:针对第三条驳论,我要这样说,补偿是分配者补偿给所得少于应得的那人,依据的是事物与事物之间的比例;所得少于应得的差额越多,补偿就越多;因此,这属于交换正义。

第 2 节 为得救,是否必须返还所有拿走的东西

第 2 节这样进行:[①]

---

① 本节可对勘:《神学大全》,IaIIae, q.79, a.3, ad.2;《即席论辩集》,XII, 16, 3;《〈箴言四书〉评注》,IV Sent. 15, 1, 5, ii。

《神学大全》(IIaIIae, q.79, a.3, ad.2):失职只是关于一个人有义务应行的善,如前所述。可是,谁也没有义务去做那不可能的事。所以,谁若没有做他做不到的事,并没有犯失职的罪。为此,那个发了贞洁愿而失身的女子,并不是由于没有贞操而犯了失职之罪,而是由于她不后悔自己过去的罪,或者由于她没有尽其所能洁身自爱,守好自己的誓愿。又如那位司铎,如果没有适当的机会,就不必

驳1：似乎没有必要为得救而返还已拿走的东西。因为凡是不可能的事，对得救而言都没有必要。但是，返还已拿走的东西有时不可能，比如当一个人的肢体或生命被夺走时。所以，似乎没有必要为得救而返还已拿走的别人的东西。

驳2：再者，没有必要为得救而犯罪，因为这样人会陷入困境之中。但是，若没有罪过，有时就不可能返还被夺走（aufertur）的东西，比如当一个人说出真相时，会拿走另一个人的名声。所以，为了得救，没有必要返还已拿走的东西。

驳3：再者，完成的事情不可能未完成。但是，一个人有时会受他人不义地辱骂，使得自己的个人荣誉被夺走。所以，已拿走的东西不可能返还于他；这样就没有必要为得救而返还已拿走的东西。

驳4：再者，防止某人得到一个好东西似乎相当于从他那里拿走那东西，因为"缺乏少许东西与不缺东西仿佛没有区别"，如哲学家［亚里士多德］所说。[①] 但是，当有人防止别人取得神职或类似的东西时，他似乎不一定要把

献弥撒。所以，他若没有这样的机会，就不是他失职。同样，一个人假如有办法返还，就必须返还，如果他没有办法返还，而且也不可能有办法，那么只要他尽其所能地去做，他就没有犯失职的罪。同样的话也适用于其他类似的情形。

① 参见亚里士多德：《物理学》，II.5，197a30。

神职返还给他；因为这有时是不可能的。所以，没有必要为了得救而返还已拿走的东西。

正：与之相反，奥古斯丁说："如果别人的财物，由于被侵犯，本来可以归还，却没有归还，那么他没有忏悔，而是假装忏悔。我说过，除非归还已拿走的东西，如果他能够返还的话，否则他的罪行不被宽恕。"①

经：我这样回答，如上所述[a.1]，返还是一种交换正义的行为，它由某种平等构成。因此，返还表示归还那被不义地拿走的财物；因为通过这样恢复财物，平等得以重新展现。如果有东西确实被正义地拿走，那返还将不平等，因为正义由平等构成。所以，既然有必要为得救而保卫正义，那么也有必要为得救而把不义拿走的东西返还别人。

疏1：所以针对第一条驳论，我要这样说，如果不能补偿相等的东西，那补偿力所能及的东西足矣，就像敬爱神和敬爱父母，如哲学家[亚里士多德]所说。② 因此，当

---

① 奥古斯丁：《书信集》(*Epistolae*)，153.6。
② "因为，友爱所寻求的是尽能力回报，而不是酬其配得。因为，酬其配得

已被拿走的东西不能照价返还时,就应当尽力补偿,比如当某人让人失去了的肢体,他必须补偿后者,考虑双方的身份,根据贤人(probi viri)的裁决,要么在金钱上补偿,要么在荣誉上补偿。

疏2:针对第二条驳论,我要这样说,一个人可以用三种方式夺走别人的名声。第一,公正地说真话,只要一个人按规矩揭露另一个人的罪过,他就不用对那人的名声进行返还。第二,不义地说假话,这样他一定要返还那人的名声,承认他说了假话。第三,不义地说真话,比如一个人不按规矩揭露另一个人的罪过,这样他要尽可能地对那人的名声进行返还,不准说谎,承认他自己说得有毛病,或者他不义地中伤了那人;又或者,如果他不能返还那人的名声,他应当对那人另作补偿,就像讨论过的其他情形[ad.1]。

疏3:针对第三条驳论,我要这样说,造成侮辱的行为不可能像从没发生过;不过,有可能通过展示敬意削弱侮辱的结果,即在人们的印象中降低那人身份的结果。

疏4:针对第四条驳论,我要这样说,有几种方式防

有时候是不可能的。例如,用荣誉就不足以回报神与父母的配得。因为,人们甚至无法给出神和父母所配得的荣誉。所以,一个尽能力回报的人被看作是公道的人。"(亚里士多德:《尼各马可伦理学》,第八卷,14,1163b15)

止一个人得到神职。第一，正义的方式，比如，如果为了上帝的荣誉或教会的利益把神职授予一个更值得的人，那么就不必返还或补偿那人。第二，不义的方式，如果有人打算伤害另一个人，由于仇恨、复仇或类似的原因阻止他；在这时，如果阻止神职被授予一个值得的人，因而没有授予，若在此之前授予他是确定的，则需根据智者（sapientis）的裁决，在考虑了人与事物的种种情形之后，做出某些补偿。不过，不一定是等价的补偿，因为那人尚未就职，还有许多其他的可能阻止他。如果神职确实已经授予确定的人选，而有人出于不应当的原因致使神职被撤销，这与夺走一个人已经拥有的东西是同一回事，因此要照价返还，不过要量力而行。

第 3 节　仅仅返还被不义拿走的东西是否足够

第 3 节这样进行：[①]

[①] 本节可对勘:《神学大全》，IaIIae, q.105, a.2, ad.9；《〈箴言四书〉评注》，IV Sent. 15, 1, 5, ii, ad.5, ad.6。

《神学大全》(IaIIae, q.105, a.2, ad.9)：严重处罚不仅由于过错严重，还有其他原因。第一，犯罪的分量（quantitatem），因为在其他条件相同的情况下，罪越重大，惩罚越严重。第二，犯罪的习惯，因为禁止人们习惯性犯罪并不容易，除非采取严重的处罚。第三，犯罪中有许多欲望和快乐，因为这些罪不用重罚不容易禁止。第四，犯罪的便利性和隐蔽性，因为这类罪过一经发现，严惩不贷，以

驳1：仅仅（simplum）返还被不义拿走的东西似乎不够，因为《出埃及记》说："人若偷牛，或羊，无论是宰了，是卖了，他就要以五牛赔一牛，四羊赔一羊。"① 但是，人人都要遵守神的法律的命令（mendata）。所以，那偷窃者一定要四倍或五倍地返还。

驳2：再者，"凡经书上所写的，都是为教训我们而写的"，《罗马书》这样说②。但是，撒该对天主说："如果我

傚效尤。关于犯罪的分量，也可以分为四个等级，即使在同一事件中也是如此。其中第一等是不自愿的犯罪，如果是完全不自愿的犯罪，就应当免除惩罚……第二等是出于无知的犯罪，这要负一定程度的责任，因为他在获得知识上存在过失。但是，他不由审判者处罚，而是通过献祭赎罪……第三等是由于骄傲的犯罪，这是一种基于明确的选择或明确的恶意的犯罪，要按照罪的严重程度进行惩罚。第四等是冥顽不灵的犯罪。这种人仿佛是对法律诫命的背叛和破坏，应当彻底根除。由此，我们必须说在惩罚盗窃罪时法律考虑到了最常发生的情况（《出埃及记》22：1—9）。因此，对于那些容易防止偷窃的东西，窃贼需要返还两倍的价值。但是羊群不容易防止窃贼，因为它们放牧在田野之中，所以羊在田野中经常会被偷走。对此法律就规定了较为严重的惩罚，命令窃贼盗一偿四。对于牛则更难防范，因为它们也是在田野中，但却不像羊那样基牧，所以要科处更为严重的惩罚，就要五牛偿一牛。除非发现遭窃的牲口还在被窃贼占有着，上述惩罚都是有效的。如果这些牲口还在，那么窃贼只需像其他情形一样偿还两倍。因为如果牲口还活着就可以假定他有归还的意图。或者，我们可以说，根据《注解》："牛有五用：作祭品、耕地、作食品、产牛奶、皮革可作各种用途。"因此，应当五牛还一牛。但是，羊有四用：作祭品、肉可食、奶可饮、毛可用。忤逆之子之所以要被杀死，不是因为他是放荡的酒徒，而是因为他的顽固和反逆，这总是要处死的。安息日拾禾捆的人要被处以石刑是因为他违反了法律，如前所述，法律要求守安息日以作为世界新生信念的见证。之所以处死他是因为他背叛了信仰。

① 《出埃及记》22：1。
② 《罗马书》15：4。

讹了谁，就还他四倍。"① 所以，一个人应当数倍返还他不义收取的东西。

驳3：再者，没人会被不义地剥夺本不该给他的东西。但是，为了惩罚偷窃者，审判者从他那里正义地剥夺的东西比他偷窃的东西更多。所以，一个人应当赔付那样多，仅仅归还是不够的。

正：与之相反，拿走造成不平等，返还恢复平等。但是，某人只归还收取的东西即可恢复平等。所以，只需返还收取的份额。

经：我这样回答，当一个人不义地收取另一个人的财物时，需要考虑两点：第一，财物方面的不平等，不平等有时与不义无关，例如借贷；第二，不义的过失（culpa），它可以与财物的平等相提并论，比如一个人试图使用暴力却未遂。所以，关于第一种情况，通过返还来弥补，平等因此得以重建；他只要返还占有别人的份额就足够了。但是，至于过失，则通过惩罚弥补，由审判者施加惩罚。因此，若在宣判之前，他不必返还多于收取的东西；但被判刑以后，他就要赔付罚金。

---

① 《路加福音》19∶8。

疏1：如上所述，我这样回答第一条驳论；因为这条法律规定由审判者实施惩罚。不管怎样，基督降临以后，没人一定要遵守司法的训令，如上所述。① 不过，在人的法律中可以有相同或相似的规定，关于这回答也将是同样的道理。

疏2：针对第二条驳论，我要这样说，撒该说这样的话，仿佛他自愿这样做；因此，他在这句话之前说："看，我把我一半的财产给予穷人们。"②

---

① 旧法分成道德的、礼仪的以及司法的训令，参见：《神学大全》，IaIIae, q.100—105。

《神学大全》(IaIIae, q.104, a.3)论"《旧约》司法训令的约束力"：司法训令不具有永远的约束力，它由基督的降临而废除，但废除的方式与礼仪训令不同。在基督降临后，特别是在福音公布之后，礼仪训令不仅是死的，而且对于那些遵守它们的人是致死的，礼仪训令就是以此方式废除的。然而，司法训令是死的，因为它们不具有约束力了，但却不致死。如果权威者命令在他的国家中遵守这些司法训令，他并没有犯罪，除非遵守的或被命令去遵守的这些训令似乎带有《旧约》的法律约束力。而打算遵守这些训令则是死罪。这种区别的原因可由上述所说的内容推知。因为前文已经指出礼仪训令主要地和本质地是象征的，规定它们的主要目的即预示基督即将到来的奥义。另一方面，司法训令却不是作为象征规定的，而是作为治理那个被引向天主的民族的状况。结果，当那个民族的状况随着基督的到来而发生改变，司法训令就丧失了其约束力……然而，由于规定这些司法训令的目的不是为了象征，而是为了某些行为的执行，因而它们的遵守对于信仰的真理是无害的。但是，遵守它们的目的如果是为了受法律约束，则对信仰的真理是有害的。因为这会得出结论说，那个民族此前的状况仍在延续，基督尚未到来。

旧约的法律分成道德的、礼仪的以及司法的训令（《神学大全》, IaIIae, q.100, pr），具体参见：《神学大全》, IaIIae, q.100—105。

② 《路加福音》19：8。

疏 3：针对第三条驳论，我要这样说，审判者在判决时，可以正义收取比损害更多的东西，不过，这在判决前是不允许的。

第 4 节　一个人是否应当返还他没拿走的东西

第 4 节这样进行：①

驳 1：一个人似乎应当返还他没拿走的东西，因为那造成别人损失的人必须消除那一损失。但是，一个人造成的损失有时大于取得的东西，例如当一个人挖起种子，他对播种者造成的损失相当于未来的全部收获；这样，似乎必须照此返还。所以，一个人必须返还他没拿走的东西。

驳 2：再者，如果有人留下债权人的钱超过固定期限，那人似乎造成了后者的损失，因为他本可以从那笔钱中获利，而前者并未拿过它。所以，一个人似乎必须返还他没拿走的东西。

驳 3：再者，人性的正义源于神性的正义。但是，一个人应当返还上帝的比他从上帝那里取获得的更多，根据《马太福音》中"你知道我没有种的地方要收割，没有散的

---

① 本节可对勘：《〈箴言四书〉评注》，IV Sent. 15, 1, 5, ii, ad.2, ad.3。

地方要聚敛"。① 所以,把尚未取得的东西还给人家也是正义的。

正: 与之相反,补偿属于正义,只要它造就平等。但是,如果有人返还他没取得的东西,这就不算平等。所以,如此返还不算公正。

经: 我这样回答,② 无论谁给别人造成损失,似乎都从他那里拿走了相等的损失;因为根据哲学家[亚里士多德],损失被称作"得到的少于自己原有的"③。因此,一个人必须根据他对别人造成的损失来返还。但是,有两种方式使人受损。第一,夺走他实际得到的东西;如此损失总是应当根据补偿平等的原则返还。例如,如果有人毁坏了别人的房子,使他受损,他必须支付那人这房子的价钱。第二,使人受损,即阻止他人取得他即将得到的东西;而如此损失不需要平等的补偿,因为可能得到不如实际

---

① 《马太福音》25:26。
② 这一节和第六节触及返还的两个根源。第一,被拿取的事物本身(ipsa res accepta),就算没有犯错,也有返还的义务,比如贷款和押金;第二,拿取行为本身(ipsa acceptio),造成了不当的损失,必须予以赔偿,比如侵略者打掉别人的牙齿,没法使其复原。后来的伦理学家,比如圣亚丰索(St. Alphonsus Liguori)认为,这些根源是不义的占有和不义的损害。
③ 亚里士多德:《尼各马可伦理学》,第五卷,4,1132b15。

得到；然而，即将得到仅仅是根据才能（virtutem）或潜能（potentiam）得到那东西，因此，如果以实际得到的东西还他，返还他的就不仅仅是拿走的东西，而是更多；没有必要这样返还，如上所述［a.3］。不过，他必须根据个人的和协商的情况进行某种补偿。

疏 1 和疏 2：而这足以回答第一条和第二条驳论了：因为那在土里的种子不是实际的收获，只是可能的收获；同理，那有钱的人并未实际获得利润，只是有可能获利；并且这二者可能在许多方面遇到阻碍。

疏 3：针对第三条驳论，我要这样说，上帝对人一无所求，除了他亲自播种在我们之中的善。因此，那句话有两种理解，要么反映的是懒惰仆人的谬见（pravam existimationem），他认为自己从别人那里一无所获；要么反映出这一事实，上帝要求从我们这里得到其恩赐的果实，这些果实既来自他，又来自我们；尽管恩赐本身来自上帝，与我们无关。

第 5 节　是否总是必须从谁那里拿取东西就返还谁

第 5 节这样进行:[1]

驳 1：似乎没有必要总是从谁那里拿取东西就返还谁，因为我们不应当伤害任何人。但是，把从某人那里拿的东西还给他，有时候会伤害这人，也会伤害其他人，比如将一把借来的剑还给疯子。所以，不总是从谁那里拿取东西，就返还谁。

驳 2：再者，如果那人之前不合理地给人东西，那他不配收回那东西。但是，一个人有时不合理地给予，同时另一个人也不合理地接受；就像有人在买卖圣职（simoniace）中的给予和接受。所以，不总是从谁那里拿了东西就返还谁。

驳 3：再者，没人必须做不可能的事。但是，把之前拿取人家的东西再返还他，有时是不可能的，要么因为他已经去世了，要么因为他离得太远，要么是因为我们不认

---

[1] 本节可对勘：《〈箴言四书〉评注》，IV Sent. 15, 1, 5, iv。本题剩余章节处理返还的具体情况，比如返还给谁，谁来返还，何时返还。

识他。所以，从人家那里拿取东西，不总是需要对他进行返还。

驳 4：再者，如果有人从他人那里获得更大的好处，那么前者应当更多地补偿后者。但是，一个人从别人（比如从父母）那里获得更多的好处，胜过借款者或贷款者。所以，对于人来说，有时应该帮助别人，而非返还从他那里拿走东西的那人。

驳 5：再者，那返还的东西通过返还又来到返还者手里，这是徒劳的。但是，如果有一位主教（praelatus）从教会不义地窃走某物，然后又返还教会，这东西又回到他手里：因为他是教会财产的监护人。所以，他不应当把拿走的东西返还教会；这样，不总是应当返还已经拿走的东西。

正：与之相反，《罗马书》说："凡人所当得的，就给他；当得税的，给他上税；当恭敬的，恭敬他。"①

经：我这样回答，通过返还恢复交换正义的平等，这平等端平事物，如上所述［a.2; q.58, a.10］。然而，除非让那得到更少的人补足他的欠缺，否则端平事物不可能实

---

① 《罗马书》13：7。

现。为了满足这一点,有必要补足,以便返还拿走的东西。

疏1:所以针对第一条驳论,我要这样说,当返还物显然对返还对象或别人造成更严重的伤害时,就不应当在那个时候返还他,因为返还指向返还对象的利益;因为,一切所有物都归于利益的本质。不过,就算不还,也不应当把别人的财物挪为己用,而应当保存它,以便他日返还,或者转交他人,以便更安全地保存。

疏2:针对第二条驳论,我要这样说,非法给予有两种。第一,给予行为本身不合理且违反法律,例如在买卖圣职时给予,这样的人活该失去他所给予的东西;因此,在这些情况下不应当返还他。既然那接受者在接受时违反了法律,那他就不应当留给自己,而应当用于那些虔敬的人。第二,不合理地给予出于合理的目的,尽管给予行为本身并非不合理,就像一个女人卖淫赚钱。因此,她可以保留给她的东西,但是如果她通过欺骗或敲诈额外的费用,就必须返还。

疏3:针对第三条驳论,我要这样说,如果那应当返还的人完全不为人知,这人也应当尽力返还,例如为了自己的福祉而布施,无论是去世抑或在世,不过要事先仔细检查这返还对象的身份。如果应当返还的那人确实去世了，应当返还他的后代，仿佛他的后代跟他是同一人。如果他确实离得非常远，欠他的东西应当寄给他，尤其是价值不菲而且容易寄送的东西；要不然就应当替他保存在一个安全的地方，并告知物主。

疏4：针对第四条驳论，我要这样说，就这专属于自己的东西而言，一个人更应当满足他的父母，或从这些东西中获得过更大的好处。然而，他不应当用别人的东西补偿恩人（benefactori）；如果他用本属于这个人的东西返还那个人，就会发生这种情况；只有在极端情况下迫不得已，他才可以并且应当拿别人的东西救助父母。

疏5：针对第五条驳论，我要这样说，主教可以有三种方式盗取教会的财物。第一，如果教会财物不是献给他自己，而是献给别人的，那他属于僭越，例如，如果有监督（episcopus）侵占修会（capituli）的财物；那显然应当返还，把它交还到那些合法物主的手上。第二，把委托给他保管的教会财物转移给别人，例如亲友；那么他应当返还教会，并且由他亲自照料，直到交给继任者。第三，主教可以只在心里窃走教会财物，即他开始有意把财物置于他自己名下，而非教会名下，这样他应当通过放弃如此想法来返还。

第 6 节　是否必须总是由拿取东西的那人返还

第 6 节这样进行：

驳 1：似乎必须总是由拿取东西的那人返还，因为返还恢复了正义的平等，从占得多的人那里取走，拿给占得少的人。但是，有时会发生如下情况，窃走别人财物的那人不再占有那财物，而是交到另一个人手里。所以，不是必须由拿取财物的那人返还，而是由占有财物的人返还。

驳 2：再者，没人必须揭露自己的罪行。但是，通过返还，一个人有时会揭露他的罪行，比如偷窃。所以，并不总是必须由拿取东西的那人返还。

驳 3：再者，同样的东西不必多次返还。但有时候，许多人同时窃走一个东西，其中一个人原物奉还。所以，并非必须总是由拿取东西的那人去返还。

正：那犯罪的人必须赎罪（satisfacere）。返还属于赎罪。所以拿取东西的那人必须返还。

经：我这样回答，关于那拿取别人财物的人，需要考虑两点：第一，拿取的财物；第二，拿取行为本身。然而，根据财物的本质，只要他自己仍留有这财物，就必须归还，因为他占有的这东西不属于他，应当从他那里夺走，并根据交换正义的形式还给失去它的人。

但是，拿取别人财物的行为本身可以有三层含义。[第一，]因为它有时是有害的，即违背物主的意志，比如偷窃和抢劫。那么他必须返还，不仅是出于财物的原因，而且还出于有害行为的原因，即便他不再占有那东西了。因为就像有人殴打别人，虽然他没有从中留有任何东西，但他必须补偿所承受的伤害，同样地，有人偷窃或抢劫，也必须对他造成的损失进行补偿，即便他并未得到任何东西；而且他应当为造成的伤害接受惩罚。

第二，有人拿取别人财物是为了他自己的利益，却没有造成伤害，即征得物主的同意，好比借款。那么，既然那人拿取了东西，就必须返还所取得的东西，不仅是出于财物的原因，而且也出于拿取行为的原因，即便他已经失去那东西。因为他必须补偿施惠于他的人；如果后者因此受损，补偿就不会发生。

第三，有人拿取别人财物，既不有害于别人，也不有利于自己，例如托管（depositis）。因此，那人这样拿取，就拿取行为而言，他没有任何义务，甚至通过拿取行为，他提供了一种服务（obsequium）；然而，就财物而言，他有义务。因此,如果这东西从他那里取走,又没有他的过错,他就不必返还;然而,如果由于他的严重过错,他就要失去由他托管的东西。

疏1:所以针对第一条驳论,我要这样说,返还主要指向下述观点,不是让实际占有多于应当占有的那人不再这样做,而是让占得少的那人得到补足。因此,在这些事情方面,一个人可以从另一个人那里拿取,而后者又没有亏损,就没有返还的余地,就像一个人从另一个人的蜡烛那里借光。因此,虽然拿走东西的那人不占有他拿取的东西,而把它转交给别人,不过既然别人被剥夺了属于他的东西,那么就必须返还;那拿走财物的人是出于有害行为的缘故,而且那人占有财物是出于财物本身的缘故。

疏2:针对第二条驳论,我要这样说,虽然一个人不必向人们揭露他的罪行,不过他必须在忏悔时向上帝揭露罪行;这样他向祭司忏悔,便可以返还别人的财物。

疏3:针对第三条驳论,我要这样说,既然返还主要指向被不义拿走东西的那人,并消除他的损失,因此,当一个人充分返还他时,其他人不必再进一步返还,反而必须补偿那返还过的人;不过,那人可以宽恕他们。

第 7 节　那些没有收取的人是否必须返还

第 7 节这样进行：①

驳 1：那些没有拿取的人们似乎不必返还。因为返还是对拿取者的某种惩罚。但是，没人应当受罚，除非他犯了罪。所以，没人必须返还，除非他拿了东西。

驳 2：再者，正义不强迫一个人增加别人的财物。但是，不仅拿取东西的人必须返还，而且那些不论以何种方式协助他的人们也必须返还，如果是这样，被拿取财物的那人将由此获益，因为他将收到多次返还，还因为有时候，有些人这样做，本打算把某人的财物从他那里夺走，实际上却没有夺走。所以，其他人不必返还。

驳 3：再者，没人必须为保卫别人的财物而自己甘冒风险。但有时候，有人若揭发或阻止强盗，自己会冒着死亡的风险。所以，一个人不必因为没有揭发或阻止强盗而返还。

正：与之相反，《罗马书》说："行这样事的人是当死

---

① 本节可对勘：《〈箴言四书〉评注》，IV Sent. 15, 1, 5, iii。

的,他们不但自己去行,而且还喜欢别人去行。"[1] 所以同理,那些同意的人应当返还。

经:我这样回答,如上所述[a.6],一个人必须返还,不仅是因为他拿取了别人的财物,还因为这拿取行为造成了伤害。因此,所以不管是谁造成了不义拿取的行为,都必须返还。

有两种返还的方式,即直接的和间接的。直接的[返还],即一个人诱使另一个人拿取,而这又分三种情况。第一,就拿取行为而言,促使这一收取行为,通过命令、建议或同意以及称赞某人在收取他物时的胆量;第二,就拿取者而言,即庇护他,或给他无论什么类型的帮助;第三,就被拿取的财物而言,即参与偷窃或抢劫,仿佛作恶者的帮凶。间接的[返还],指一个人不去阻止,假如他本可以或本应当阻止,要么是因为忽略了阻止那人偷窃或抢劫的命令或建议,要么是因为本可以阻止,却没有伸出援手,要么在事后包庇那人。所有这些行为可用下列术语概括:"命令、建议、同意、奉承、窝藏、参与、沉默、不干涉以及知情不报。"[2]

---

[1] 《罗马书》1:32。
[2] 大阿尔伯特(Albertus Magnus):《〈箴言四书〉评注》,Sent. IV, 15, 42。

不过，必须注意，上述情形有五种总是必须返还。第一，命令，因为下命令的那人是主要行动者，因此尤其是他必须返还。第二，同意，即没有他的同意，抢劫不可能发生。第三，窝藏，即有人窝藏盗匪，袒护他们。第四，参与，即一个人参与到盗窃和分赃的过程中。第五，当他必须干涉的时候却不必干涉；例如，君主必须守卫领土内的正义，如果由于他们的疏忽致使盗匪横生，那他们必须返还，因为他们获得的收入就像是为此而设的薪俸，以便维护领土内的正义。然而，在列举的其他三种情形中，并非总是必须返还：因为建议、阿谀或其他这类行为并非总是抢劫的有效原因。因此，只有在可以判定不义拿取是由之前的这些原因造成时，才必须返还。

疏1：所以针对第一条驳论，我要这样说，不仅是那参与犯罪的人，还有那以任何方式成为犯罪原因的人，不管是建议、命令或其他任何方式，都在犯罪。

疏2：针对第二条驳论，我要这样说，谁是行为的主要负责人，谁必须主要返还；首先是命令者；其次是参与者；其他人依次返还。不过，如果有人返还了遭受损失的

大阿尔伯特（约1200—1280年），阿奎那的老师，也是一名多明我修会的会士，著有《圣经评注》《〈箴言四书〉评注》《亚里士多德评注》等，阿奎那的著作在题材上与其相似。

那人，别人就不必返还同一个人了。但是，而那些行为的主要负责人，以及分得财物的那些人，必须返还那些已经返还过的人。然而，当有人下令不义地拿取，而拿取行为未发生时，他就无需返还，因为返还主要是为了让遭受不义损失的人重获财物。

疏3：针对第三条驳论，我要这样说，不举报、不干涉、不抓捕盗匪的那人并非总是必须返还；但是，只有当他职责在身才这样做，就像一方君主，他这样做并不会招致许多危险；因为他们有公共权力支持他们维护正义。

第8节 是否必须立刻返还，还是可以允许延期返还

第8节这样进行：[①]

驳1：一个人似乎不必立刻返还，并且可以允许延期返还。因为肯定的训令并不总是有约束力。但是，返还的必然性表现为肯定的训令(preaecepto affirmativo)。[②] 所以，一个人不必立刻返还。

---

① 本节可对勘：《〈箴言四书〉评注》，IV Sent. 17, 3, 1, iv. ad. 3。

② 肯定的训令和否定的训令。前者就像"当孝敬父母"，总是有约束力但不必时时刻刻如此；后者就像"不可奸淫"，时刻有约束力。

驳2：再者，没人必须做不可能的事。但有时候，立刻返还是不可能的。所以，没人必须立刻返还。

驳3：再者，返还是一种德性行为，即正义的行为。然而，时间是诸德性行为要求的一项条件。因为其他条件对德行来说并不确定，要根据明智的原因来确定，返还似乎没有确定的时间，即一个人不必立刻返还。

正：与之相反，一切有待返还的事物似乎都具有相同的原因（ratio）。但是，若雇人做工，那人不可能延期返还，就像《利未记》（19：13）所说："雇人的工价，不可在你那里过夜留到早晨。"所以，在其他准备返还的例子中，也不可能延期，而应当立刻返还。

经：我这样回答，就像收取别人的财物是违反正义的罪过，扣留也是如此，因为扣留他人财物违反了物主的意志，相当于不让他使用自己的财物，这样做相当于对他行不义。然而，逗留在罪过中，显然一刻也不允许；无论谁都必须立即摒弃罪，根据《德训篇》："逃离罪行就像逃离蛇的脸。"① 因此，无论谁都必须立刻返还，如果有可能的

---

① 《德训篇》21：2。拉丁通行本直译为"教会经典"（Ecclesiasticus），和合本将其排除在正经之外，故参见思高本。

话，或者向能够准许使用财物的人请求延期。

疏 1：所以针对第一条驳论，我要这样说，虽然关于返还的训令在形式上是肯定的，但它暗含着否定的训令，禁止我们扣留他人财物。

疏 2：针对第二条驳论，我要这样说，当一个人不能立刻返还时，这种不可能本身赦免他立刻进行返还；就像一个人被完全赦免返还，如果他完全没有返还能力的话。不过，他应当亲自或通过他人向那位他应当返还的对象求情，请他赦免或延期宽限。

疏 3：针对第三条驳论，我要这样说，无论何时，条件必须被看作确定的时，只要忽略条件相当于违背德性，已有的条件便是确定的，我们必须遵守那条件；因为延期返还犯了不义扣留的罪行，与正义的扣押相反。因此，若时间确定，必须立刻返还。

图书在版编目(CIP)数据

论正义/(意)托马斯·阿奎那著;王江涛译.—北京:商务印书馆,2023
(自然法名著译丛)
ISBN 978-7-100-22874-9

Ⅰ.①论… Ⅱ.①托… ②王… Ⅲ.①正义—研究 Ⅳ.①D081

中国国家版本馆 CIP 数据核字(2023)第 165998 号

权利保留,侵权必究。

自然法名著译丛
论正义
〔意〕托马斯·阿奎那 著
王江涛 译

商 务 印 书 馆 出 版
(北京王府井大街36号 邮政编码100710)
商 务 印 书 馆 发 行
北 京 冠 中 印 刷 厂 印 刷
ISBN 978-7-100-22874-9

2023年10月第1版 开本 880×1230 1/32
2023年10月北京第1次印刷 印张 5⅝
定价:38.00元